人妻手記

寝取られカイカン……
夫を裏切ってしまった
貞淑妻たち

第一章　禁断の関係に溺れて

第二章 禁断の快感に溺れて

第三章 禁断の興奮に溺れて

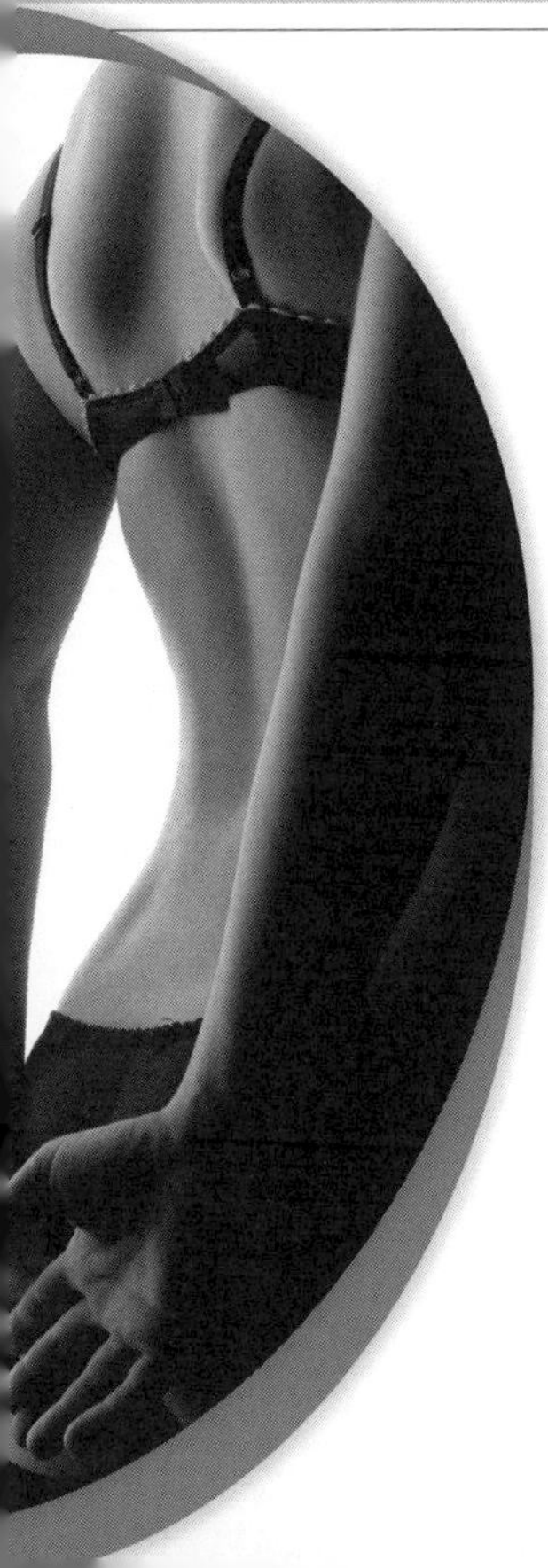

第四章　禁断の欲望に溺れて

第一章　禁断の関係に溺れて

■美沙は、顔射されてドロドロになった顔を陶酔にとろけさせながら乱れ悶えて……

自信喪失した私を甦らせた至高のネトラレ体験

投稿者 南川春樹（仮名）／42歳／会社員

私はひと回りも年下の妻、美沙を心の底から愛しています。

今、会社の部下だった美沙と結婚して五年目になりますが、子どもはまだなく、それはそれで寂しいのですが、一方で私には美沙さえいればそれでいいとも思え、二人だけでの生活にとても幸せを感じていました。

当然、私は毎週末、必ず美沙を抱きました。

その雪のように白く美しい肌を、滑らかで蠱惑的な曲線を描く乳房を、そこだけ吸い込まれるような漆黒の深みを湛える茂みに覆われた股間の媚肉を……私は魅入られたようにむさぼり、味わい、なぶり貫いて……そうして返ってくる極上の悦楽に酔いしれながら、自らもせつない喘ぎ声を漏れこぼして悶え乱れる美沙の中に、これでもかと己の精を放ち注ぎ込む……それはまさに至福の時間であり、私にとって生きがいともいえるものでした。ああ、早く美沙を抱ける週末が来ないかと、私は本当にいつも心待ちにしていたのです。

ところが二ヶ月前、ある出来事がきっかけで、すべては一変しました。

私は部長として任されていた大きな取り引きに失敗し、会社に少なからず損失を与えた責任をとらされる形で課長に降格、年収もかなり減ることとなり、激しく自信を喪失してしまったのです。

するとそれは、自身の男としての存在価値においても精神的に大きなダメージを与えてしまったようで……ＥＤ（勃起不全）の症状に陥ることになったのです。前は、決して誇張ではなく、美沙の匂いをかいだだけでまたたく間に反応し、硬く大きく臨戦態勢になったというのに……。美沙はやさしく「大丈夫、気にすることないのよ。そのうちきっとできるようになるから」と言って慰めてくれるのですが、そう言われれば言われるほど、私は美沙に対して申し訳なく感じ、落ち込む一方でした。

そして、そんな状況が一ヶ月ほども続く中で、私はなんとかしてまた美沙を抱き、悦ばせられないだろうかと日々考えあぐねた末、とうとうある手段を実行に移す決心をしました。

それが、ＮＴＲ（ネトラレ）でした。

とある男性誌で読んだのです。

自分の愛する女が他人に抱かれることで興奮し、それまで以上により一層昂ぶり欲情する性（サガ）を持つ男性が、この世にはいるということを。

果たして自分がそうなのかどうか、その時点ではまだはっきりとはわかりませんでしたが、その他、バイアグラ等のＥＤ治療薬やあらゆる精力剤、さまざまな器具を用いてもまったく改善できなかった状況で、私にはもうあとそのぐらいしか頼る術がなかったのです。

私はＳＮＳの裏アカウントを使って、美沙を抱いてくれる相手男性を探しました。前に一度、二人だけのプライベートの遊びということで撮った美沙の裸の手ブラ写真、その顔部分にモザイク加工したものをネットに上げると、あっという間に百人を超える志望者が集まりました。その欲望剝き出しの熱気に嫌悪を覚えつつ、その反面、自分の妻の魅力が多くの男たちを虜にしたことに喜びを感じるという、なんとも複雑な心境になったのを覚えています。

その中から、あらゆる条件を考慮して、私がＮＴＲ相手として選んだのは、美沙と同年代の三十一歳のサラリーマンでした。ジムで体を鍛えることが好きということで、痩せぎすの私と違って、そのマッチョな肉体で美沙をたくましく抱いて、さぞ刺激的に興奮させてくれるのではないかと期待したのでした。

そしていよいよNTRプレイの当日、今回の私の発案をかたくなに拒否し続けたのをどうにか説得された美沙と、私と相手の山口くん（仮名）の三人が指定のホテルに集い、初めて皆で顔を合わせました。

「じゃあ、最初は私、クローゼットの中に入ってるね。一緒にいられたらやりづらいだろ？」私が無理に笑みを浮かべながら言うと、美沙は無言でうなずき、「ええ、わかりました」と山口くんが答えました。

全裸になってベッドインする二人に反して、私は一人ウォークイン・クローゼットに入り、中で服を脱いでから細目に扉を開けて、外に視線を向けました。

やさしく、それでいて積極的にキスを浴びせる山口くんに対して、美沙はやはり硬く緊張が感じられましたが、執拗に舌で唇をこじ開けられ、口内を吸われているうちに気分も高まり、全身の白い肌がほんのりピンク色に上気してきたようでした。でも、そんな自分がいやなのか、私がいるクローゼットのほうになんとも申し訳なさそうな視線を向けてきて……。

ズキン。

その瞬間、私の体内にきざすものがありました。下腹部の辺り、まだ小さいものの、確実に熱いエネルギーが集まり始めています。

いけるかもしれない……私の胸中で期待が高まります。

「ああ、奥さん、とってもきれいだ……すてきですよ」

山口くんは睦言を囁きながら美沙の美乳を揉みしだき、そのキュートな乳首を唇に含み吸い、舌で舐め転がします。

「んん……っ、うくぅ、ううん…………っ」

眉間にしわを寄せながら、なんともせつなそうな表情で私のほうを窺う美沙。

ああ、感じてるのか、美沙？　私以外の男に抱かれて気持ちいいのか？

私の胸中には嫉妬と、怒りと悲しみ、もどかしさ……さまざまな感情がもつれ、渦巻き、でも一方でさらにますます興奮の炎がメラメラと燃え上がってくるのがわかりました。少し前まで力なく垂れ下がっていたペニスがみなぎり熱を持ち、徐々に膨張し、その鎌首を持ち上げてきました。

「あ、ああ……美沙、美沙……！」

私は思わずそう口走りながら、久しぶりに硬さを取り戻してきた己の分身を握りしめ、美沙の痴態を扉の隙間から凝視しつつしごきたてていました。

「あ、ああん……はあっ、あっ……」

今や山口くんはそのたくましい肉体を縮めるようにして下方に体をずらし下げ、美沙の股間に顔を埋めて、あの淫靡なまでに美しい秘裂を舐めしゃぶっていて、その快感にたまらずほとばしる彼女の喘ぎ声が部屋に響き渡っています。

そして次の瞬間、私は思わずクローゼットから転げるように飛び出て、もう完全に勃起したペニスを激しくしごきたてながら、彼ら二人のベッド脇に歩み寄り、立ちはだかっていました。

「あ、ああ、あなた……ああ、あああん！」

美沙は山口くんに秘裂を愛しまくられながら、その快感を恥じるように私のほうを見上げ、私は私でそうされることでさらに昂ぶってしまい、自らの肉茎の中を熱い濁流が逆巻き、激しく上がってくるのを感じていました。

「あ、ああ、あっ……み、美沙ぁっ！」

そしてそう呻きながら、彼女の顔面に大量の射精を浴びせかけたのです。

「あ、ああ……あなた、ああっ……」

美沙は、顔射されてドロドロになった顔を陶酔にとろけさせながら、いよいよ山口くんのペニスをその秘裂に受け入れ、激しくピストンされながら狂ったように悶え、よがり始めました。

ああ、私がこの世でいちばん愛する美沙が、こんなに美しくあられもなく乱れて……そう思うと、なんと、今思いっきり出したばかりだというのに、またすぐに私のペニスが力を取り戻してきたのです。驚きです。

「あ、イク、イク～～～～～ッ！」

美沙は絶頂を迎え、コンドームの中に射精した山口くんは、それをズルリと秘裂から抜き出しましたが、私はすぐに息せき切って自らの再び勃起したペニスをそこに突っ込んでいました。

「あ、ああ、あなた……」

美沙は涙を浮かべた笑顔で迎え入れてくれて、私たちは実に二ヶ月ぶりに一つになり、苦笑しながら脇で一服している山口くんを尻目に、思う存分愛し合うことができたのです。

こうして私はＮＴＲ体験することによって、夫婦生活も仕事も、もう一度仕切り直す勇気を取り戻すことができたのでした。

■ユイのマン汁まみれの肉ひだが、デブ痴漢の指先によっていやらしく掻き鳴らされ……

セフレ彼女がダブル痴漢され、興奮のあまりオレは!?

投稿者　栗林瑛人（仮名）／24歳／フリーター

いやー、びっくりしたっていうか、まいったっていうか……この間あった、とんでもないこと、話してもいいっすか?

オレ、その日の朝、製パン工場の日雇いのバイトに行こうと思って、朝の七時頃、電車に乗ったんですね。もちろんラッシュアワーで超満員の。そしたら偶然、彼女っていうか、まあぶっちゃけセフレ?　……で、同じフリーターのユイ（二十三歳）も同じ電車に乗ってたんですよ。で、オレ、せっかくだから一声かけよう（ねえ、今晩オレんちでヤんない?　とか?）と思って、乗客の人込みを必死で掻き分けて、ユイのほうに近づいてったんですね。そんでようやくすぐそばまで来たところで、なんだかユイの様子が変なことに気づいたんです。

彼女、ドア脇の手すりのところに立ってたんですけど、スマホを見るでもなく、唇をギュッてきつく引き結んで下向いて、のぼせたような赤い顔して……それはまるで、何かとても恥ずかしいことを耐え忍んでいるような、そんなかんじで。

オレ、えっ？　と思って、彼女からほんの三十センチくらいの位置まで近づいた辺りで止まって、改めてもっとよく周囲の状況を見ようと窺ってみたんです。すぐ近くとはいえ、ちょうど彼女の斜め後ろくらいのところにいたんで、向こうからオレの姿は見えてません。

で、たまげました。

ユイ、痴漢されてたんです。それも、相手は二人。両方ともスーツを着た中年サラリーマン風の連中でした。二人とも相当の常習犯っぽくて、絶妙の位置取りでもって周囲から自分たちの悪さが見えないように視線をシャットアウトしてて、いや、オレから見えてるっていうのは、ほんと、ラッキーな偶然の産物ってかんじでした。

片方の長身細身のヤツのほうは、ユイの上半身……いつもオレが夢中で揉み、吸いまくってるGカップのオッパイを、彼女の白い長袖Tシャツの上からブラジャーごと鷲掴んで揉みしだいてます。

そしてもう片方のデブ体型のヤツは、ユイのジーパンのベルトをゆるめジッパーを下げ、そこに手を突っ込んで紫色のパンティの上から股間に触れ、ワレメの辺りを押し込んでいます。

もちろん、オレは一瞬、声をあげてヤツらを糾弾して、ユイを助けようと思ったんですけど、ちょっと躊躇してる間に、なんか気持ちがもやっと変なかんじになっちゃって……ぶっちゃけ、ユイが痴漢されてる様にどうしようもなく、興奮してきちゃったんです。なんていうのかなあ、オレと二人きりでエッチしてるときとはちがう、その羞恥心に満ちた表情がなんともたまらなくエロくて……ズボンの中でアレが痛いほどに勃起して布地が突っ張って、思わず身を屈めなくちゃいけないほどでした。

そう、オレは痴漢被害からユイを助けることよりも、痴漢被害にさらされる彼女を視姦することを選んじまったんです。

オレってサイテー……そう思ったけど、欲望の本能には逆らえません。

オレは息をひそめながら、さらに食い入るように、凌辱されているユイの痴態を見つめ続けました。

長身細身のほうが、長袖Tシャツの下の裾から手を滑り込ませ、ゴソゴソと何かしてるようで……あっ、というかんじのユイの表情で、ブラが外されてしまったことがわかりました。長身細身は、それが足元にずり落ちないように自分の腰で支え止めながら、長袖Tシャツの中で手をうごめかせ始めました。

ユイのあの豊満なナマ乳を揉んでやがるんです。

くそ〜、こんな人込みの中でうらやましいっ……い、いや、とんでもねえっ！

白い布地を通して窺える手の動きで、ああ、今乳房を揉みしだいてる……うあ、乳首をコネコネといじくってる……という様子が手に取るようにわかり、オレは生唾を呑み込みながら、アレをさらにビンビンにさせてしまいました。

「……っ、んっ、ふぅ……く……」

ユイはますます顔を紅潮させて、声にならない呻きを漏らしています。もちろん、電車の走行音や乗客たちのしゃべり声にかき消されて、まず周りに聞こえることはありません。

と、同時に今度はデブのほうが行為をエスカレートさせてきました。

ユイの紫色のパンティの前部分に手を突っ込み、彼女の秘密の部分に直に触れると、指先を淫らにうごめかせ始めたんです。

オレのほうから、彼女のパンティの紫色の布地が濡れて湿っているのが見えて、オレは聞こえもしない……ぬちょ、ぐちょ、にゅちゅ……という、ユイのマン汁まみれの肉ひだが、デブ痴漢の指先によっていやらしく掻き鳴らされる音を聞いているような気になってきちまいました。

ユイの表情を窺うと、真っ赤に紅潮した顔色に加えて、無数の汗の玉が顔中に吹き出し、頬を滴っていました。体全体をもじもじさせ、淫らで過剰な責め立てに、今にも膝から崩れ落ちてしまいそうです。

「んっ、ん、んふっ……う、ううっ……」

ユイの漏らす喘ぎ声が、心なしかさっきよりも大きくなったようです。責め立てられすぎて、いよいよ性感の限界が近いんじゃないでしょうか。

そういえば、今乗ってるこの電車……次の停車駅まで途中五駅をとばす急行なんですけど、その停車の時間がいよいよ迫ってきたみたいです。その駅ではたくさんの乗客が乗り換えのために下りるので、まさかこのまま痴漢プレイを続けるわけにはいかないでしょう。

と、ほら、案の定、二人の痴漢はクライマックスに向かうべく、ユイに対する責めをがぜんヒートアップさせてきました。

乳房がこれでもかと揉みまくられ、乳首がこね回され、長袖Tシャツの白い布地が激しく波打ってるように見えます。

紫色のパンティの中に突っ込まれた指のうごめきが、どんどん速く、大きくなっていき、そのあまりの激しい性感度にユイの全身が震えてきてしまってるみたいです。

ああ、す、すげえ……！

オレの興奮具合も信じられないくらい昂ぶり、な、なんと、手で触れることなく快感が高まっていって……、

「うっ……く、くうっ……！」

まさかってかんじですが、おれは下着の中に射精してしまってました。こんなの、中学の頃の夢精体験以来です。

一瞬の恍惚から我に返り、はっと思ってユイのほうを見ると、時すでに遅し（？）……彼女のほうも惚けたような表情を浮かべて壁にもたれかかっていて、すでにオーガズムに達していることがわかりました。

そして電車が停まりました。

二人の痴漢は流れるような動きでさっさと降車していき、オレとユイと、人知れず別々に電車の中でイっちゃったセフレ同士が取り残されたっていうわけです。

ね、とんでもない体験でしょ？

■私はデロデロに濡れまみれた彼のアナルに、ズブズブとハリガタを沈めていき……

年齢詐称援交で味わったドM男を犯す変態カイカン

投稿者　日下愛子（仮名）／29歳／パート主婦

私、アラサーの人妻でありながら、自分のことを二十歳の女子大生って偽って援交してます。けっこう童顔で、まだ子供を産んだこともなくカラダの線も崩れてないし、スキンケアにはかなり気をつかっているのでお肌もピチピチ。これまで援交でつきあった男は十三〜十四人は下らないけど、一度も歳がばれたことはなく、皆喜んで美味しいものを食べさせてくれ、そのあとのエッチでも大満足してたっぷりお小遣いを弾んでくれます。

えっ？　ダンナに対して罪の意識はないのかって？　もちろんありません。だって、この不景気のあおりを受けてダンナは給料四十％カット、私の表の仕事のスーパーのレジのパートも時給を八百円から七百五十円に下げられる有様ですもの。私が援交で得るお金は、家計を助けるためのと〜っても貴重な収入なんです。

そんなわけで、これまでいろんな男性とおつきあいしてきましたが、つい一ヶ月前に援交させてもらった人には、ちょっとびっくりしました。私、普通の女性ならまず体験しないであろうプレイをさせられちゃったんです。

SNSの裏アカを使って知り合ったその人は、四十一歳の自称自営業者。条件面で折り合って、実際に待ち合わせた彼を見た瞬間、私はかなり引いてしまいました。

身長は優に一八十センチを超え、体重も九十キロはありそうなマッチョでいかつい体つきな上に毛深くて、ほとんど熊！　しかもドスの利いた目つきで、いかにもその筋の人っていう空気をビシバシ放ってて……思わず帰ろうかと思っちゃったけど、約束では今回援助してもらえる金額は五万ということで、涙目になりながらもぐっとガマンしたんです。

まずはとっても美味しい高級寿司店でゴハンをごちそうになり、私も彼もほどほどにアルコールを入れたあと、そこからタクシーで五分ほど行ったところにあるラブホテルにチェックインしました。

最初に顔を合わせてからこの間、彼はほとんど余計なことはしゃべらず、もちろん乱暴な物言いとかはしなかったものの、その威圧感たるやハンパなく、私はラブホの部屋に二人きりになるや、余計に緊張してきてしまいました。

（ああ、力任せに犯されたらどうしよう……痛いことされたらどうしよう？）

先にシャワーを浴び、そのあと彼がバスルームから出てくるのを待つ間、恐怖と不安から私の心拍数は上がる一方……そして、いよいよ彼が濡れた体を拭きながら出てきました。改めて脱いだ姿を目の当たりにすると、まじ態です！　いや、毛深いプロレスラーです！

そして、その股間にぶら下がっているモノも、もちろんまだ勃起前の平常時でありながら、大ぶりのサツマイモ並みの威容を誇り、迫力満点です。

（ああ、あんなの喉奥まで突っ込まれたら、さぞしんどいだろうなー……）

そう心底ビビる私の前に、いよいよ彼が立ちはだかりました。そして、ベッドの上に上がってきて……その第一声は！

「お嬢さん、今日は思いっきりオレのこと、犯してくださいね」

はあ？

一瞬、何を言われたのかわからず、きょとんとしてしまった私になどお構いなく、彼は持参してきたアタッシュケースの留め金をパチンと開けると、中から意外なものを取り出してきました。

それはいくつかの洗濯バサミと、猿ぐつわのようなもの（あとで聞いたらギャグボールというSM用具でした）、そして黒いバンドのようなものに男性器を模したハリガタが取り付けられたもの（はい、これもあとで聞きました。ペニスバンドですね）などでした。

ベッドの上に並べられた、それらいかがわしいものを呆然と見ている私の前で、彼は喜々として準備を始めながら言いました。

「このギャグボールっていうのを口に咥えると、オレはまともにしゃべることができなくなり、言葉にならない音を発しながら、みっともなくヨダレを垂れ流します」

は、はあ……？

「この洗濯バサミで両方の乳首を挟みますから、折りを見てはこいつを強く弾いて、オレのことをいたぶってください」

ほ、ほんとに……？

「そしてこれがいちばん大事。このペニスバンドを腰に装着して、ハリガタでオレのアナルをめちゃくちゃに犯してください！」

マ、マジですかっ……⁉

そう、彼はこんな恐ろしい見てくれをしながら、その実態は超がつくほどとんでもない、正真正銘のドM肛門カイカン野郎だったのです！

ああ、ほら、いろいろと自分で説明しながら、私にいたぶられることを想像して、もう恍惚としたカオしてる……そして、モノもムクムクと大きくなってきて！

とにかく、私としては彼の要望に応えてあげるしかありません。私は大きく一つ深呼吸をすると、覚悟を決めました。

「わかったわ。容赦なくいくから、途中で音をあげたりしたら承知しないからね！わかった⁉」

「は、はい、もちろんです、お嬢さん！」

彼はそう言うと自らギャグボールを口に咥えて言葉を発する自由を奪い、早くも開けっ放しの唇からダラダラとヨダレを垂らしながら、小さな洗濯バサミを自分の左右の乳首に取りつけました。かなりきつく調整してあるものらしく、挟まれた彼の乳首は強烈によじれ、見る見る周辺が赤く腫れあがっていきました。

「んんぐ……ぐふ～～～～～っ！」

その激痛にうめきながらも、同時に彼の声音からはえも言われぬ恍惚感が窺えます。

私は言われたとおりペニスバンドを自分の腰に装着すると、ちょうど自分の股間で屹立する黒く大きなハリガタを惚れ惚れと眺めました。そして、まるで母親におしめを換えてもらう赤ん坊のような格好で仰向けに寝転がっている彼に正面からにじり寄ると、ぱっくりと開いたその毛むくじゃらのアナルにハリガタをこすりつけながら、乳首をきつく挟んだ洗濯バサミを手のひらで叩き、震わせました。

「いひぃっ！　はぐぅ、んぐふぅ……ごふぅぅぅう！」

その激痛ゆえの快感に彼はケダモノのように呻き、同時に例の重量感たっぷりのイチモツがムクムクと膨張していき、あっという間に恐ろしいほどの勢いでフル勃起すると、その先端からタラタラとカウパーが垂れ流れ始めました。

本当にどうしようもない変態ドM野郎です。

なんだか私のほうもやたら興奮してきてしまいました。

股間部分のハリガタが、まるで本当の自分のオチン○ンのように思えてきて、今や気分はもう完全に男のそれです。

「よし！　今からおまえのケツを思う存分犯してやるからな！　覚悟しろよ！」

「んふぐっ、ぐはっ……！」

私の宣戦布告に彼は呻き声で応え、それを合図に私は、自分が垂れ流したカウパーのおかげでデロデロに濡れまみれた彼のアナルに、ズブズブとハリガタを沈めていきました。思ったよりもスムーズに入っていき、ちょっとびっくりしました。恐らくもう何度も入れられた経験があるのでしょう。とんだユルユルケツマ○コです。

「ほらっ、ほらっ！　いいか？　いいのか!?」

「ひぎぃっ、はっ……がはっ、ぐあふぅ……！」

私はどんどんピストンのスピードを上げていき、同時にちょうどアナルとの連結部の上のほうでギンギンにいきり立っているカレのモノを摑み、力任せにしごきたててやりました。そう、ケツピストンのリズムに合わせ、ちぎれんばかりの勢いで……。

「がぁっ……んはっ、あぐっ……うぐぅ……！」

いい加減突き疲れてきた私が最後の力を振り絞るように、思いっきり貫いてやると、その瞬間、彼は私の胸のあたり目がけて盛大に射精し、ビクビクと全身を痙攣させるようにイキ果てました。

「あ、ああっ……さ、最高によかったです～……ありがとうございました」

ヨダレまみれのギャグボールを外して彼がそう言い、約束どおり私は大枚五万円をゲットすることができました。

その、まるで男を犯しているような、えも言われぬ興奮とカイカン……ちょっとクセになっちゃいそうな体験でした。

■ヤツは限界までパンパンに膨れ上がった巨大なモノを振りかざし、私のアソコに……

変質ファンに犯され否応もなく感じてしまった禁断の一夜■

投稿者 橋本由奈（仮名）／25歳／アナウンサー

東京の女子大を卒業後、キー局のアナウンサーを目指したのですが、どこにも採用されず、一年間就職浪人した末に地元の北陸に戻り、地方局に入りました。今では夕方のニュース番組を担当させてもらい、まだまだではありますが、ようやくアナウンサーとして少し自信がついてきたところです。

ところが、そうして自信がつき、視聴者の皆さんからの認知度が上がっていくのと同時に、ちょっと困惑するようなことにもなってきました。

私、ツイッターをやっていて、おかげさまで今ではファンを中心に五千人ほどのフォロワーがいるのですが、その中の一人から異常なアプローチを受けるようになって……最初はたいした内容ではなかったのですが、徐々に、

『由奈さん、とってもかわいい。いつも応援してます』

『胸、大きいですよね。バスト何センチあるんですか？』

『由奈さん、住んでるの○○市内ですよね？　どの辺りですか？』

『昨日の放送、いつにも増してしゃべる唇がエロかった。しゃぶってもらってるつもりでオナニーして、画面にたっぷりぶちまけちゃった。由奈ちゃん、俺の精液まみれになってたぜ』

『あ～っ、犯してぇ！　なあ、どこに住んでるんだよ？　教えろよ！』

と、やばい感じにエスカレートしてきて……もちろんブロックしましたが、すると今度は局のほうに直接、何通もの手紙が届き、さらに常軌を逸した内容の長文が送られてくるようになったんです。

さすがの私も怖くなり、上司や仲間、そしてついには警察にも相談したのですが、案の定、ただいやがらせをされているだけで、実際の被害にあったわけでもない現時点では何をしてくれるわけでもありませんでした。

そう、自分で気をつけるしかないということです。

局にいる間はまだいいとして、問題はやはりその他の時間帯です。家族と暮らしていればまだよかったのかもしれませんが、あいにくと私の実家はけっこうな山奥にあって、通勤の関係でやむなく私は局に近い市内で一人暮らしをしていました。それも、オートロック設備などない、何の変哲もない普通のワンルームマンションでした。彼氏もおらず、身近に頼ることのできる相手はいません。これは早急にもっとセキュリティのしっかりしたところに引っ越さなければ……。

そう思っていた矢先に、事件は起こってしまったんです。

それは、週の最後の金曜の放送を終えたあと、スタッフとの反省会兼ミーティングやら翌週の準備などを済ませ、一人帰宅したときのことでした。

時刻は夜の十時近くになっていました。

その日の放送で何度か噛んでしまい、上司から厳しく指導された私はひどく落ち込み、それを気に病むあまり、いつもの注意と警戒心が薄れていたかもしれません。マンション最上階の五階にエレベーターで上がった私は、一番奥にある角部屋の自室のほうへと廊下を歩き、ドアの鍵を開けて中へ入ろうとしました。

そのときです、何者かに背後から口を押さえられながら羽交い絞めにされ、転げ込むように室内へと押し込まれたのは。相手は明らかに大柄で屈強な体格の男でした。小柄で細身な体型の私はひとたまりもなく、これっぽっちの抵抗を示すこともできず、口にハンカチのようなものを突っ込まれ、声をあげることを封じられてしまいました。

「由奈ちゃん、おとなしくしてね。黙っていうこと聞いてくれれば痛いことはしないから……わかった？　ん？」

そのかさついた低い声を聞くのはもちろん初めてでしたが、私は一瞬で相手が例のいやがらせの犯人だと直感しました。そして、なんで今日に限って注意深く背後を警戒しながら部屋に入らなかったのだろうと、強烈に後悔しました。

私はついにヤツに捕まってしまったのです。

「ああっ、やっと会えたね、由奈ちゃん……けっこう苦労したよ。知り合いに由奈ちゃんの高校時代のクラスメートだったっていうヤツがいて、そこから一生懸命辿って、ようやくここを突き止めたんだ。由奈ちゃんに会いたい……由奈ちゃんと『やりたい』一心でね。どう、俺の努力、褒めてくれる？」

そう耳元で囁きながら、ヤツは軽々と私の体を持ち上げるとベッドに投げ出し、すかさずその大柄な体を覆いかぶせてきました。百キロ近くはあるに違いありません。その圧倒的な圧力に私は一瞬息が止まり、それと同時に、こんな相手にどうあがいたってかないっこない……いうこときかないと殺されちゃうという、切羽詰まった恐怖感が押し寄せてきました。

「ふふ、そうそう、体の力抜いて。やっとその気になってくれたみたいだね」

暗い部屋の中、薄いカーテンを透かして窓から差し込む街灯のほのかな明かりに浮かんだ相手の顔は、思いのほかやさしげな中年男性のそれでしたが、だからといって危機感が薄れるわけではありません。そんな萎縮した私の服を暗闇で苦労しながら脱がせていき、ヤツはとうとうブラジャーを剝ぎ取り、私の胸を剝き出しにしました。

「あ、ああ～……夢にまで見た由奈ちゃんの生オッパイ！　白くてぷりぷりで……うわあ、や、柔らかいっ！　俺の想像どおりだよぉ！」

ヤツは私の乳房を揉みしだきながら感極まったようにそう言い、続いて乳首にもむしゃぶりついてきました。

「あむ、はふ、んぶ、んぶちゅ……ああ、甘くておいしいよぉ！　ほんとマシュマロみたいだ……由奈ちゃんもキモチイイ？」

気持ちいいわけありません。

ただひたすら怖いだけ。

でも、そうされながら、ちょうど私の太腿の辺りで徐々に相手のアレが……おぞましい肉塊が膨らみ、硬く熱くみなぎっていくのをいやでも感じ、その存在感を強烈に突きつけられると、反発する心とは裏腹に、生理的に反応してしまっている私の肉体がありました。なんて憎たらしい……。

そう、先ほど彼氏はいないと言いましたが、その状態が丸二年も続いてる私は、性生活はもっぱらオナニーで自分を慰めるだけという状態で、実は肉体は本当のセックスに飢えていたんです。だから、自分を無理やり犯そうとしている相手にさえ、馬鹿正直に反応してしまって……立ち上がった巨大な昂ぶりをズボン越しに感じ、そこから流れ込む性電気（？）に痺れるように、私のアソコも熱く潤んできてしまって……自分の意思ではどうにも抑えようがありませんでした。

「……んんっ、うぐ、ううむむっ……」

私の少し甘いせつなさを孕んだ呻き声に気づいたヤツは、パンティに手を突っ込んで直にその潤みを確かめると、嬉しそうに言いました。

「ああ、やっぱりキモチいいんだ。いつも素敵にニュースを読んでる、その可愛い唇でしゃぶってもらえないのは残念だけど、代わりにたっぷりと下の口のほうを楽しませてもらうからね」

そして下半身裸になり、私のスカートとパンティ、ストッキングを剝ぎ取ってしまうと、限界までパンパンに膨れ上がった巨大なモノを振りかざし、それを私のアソコに当てがってきました。

くるっ……！

恐怖と、否定しがたい興奮の中、そう思った瞬間……ズブッ、ズッ、ヌブブと、濡れた肉ひだを掻き分けながら侵入してくる肉圧を感じて……続いて、パン、パン、パン、パンと、打って変わって乾いた打擲音を響かせながら激しく肉洞を掘削され、弾けるような快感の衝撃が流れ込んできました。
「んぐふっ、んっ、んっ、ふぐぅ、くふ……うぐ〜〜〜〜っ！」

「はぁはぁはぁはぁ……ああ、由奈ちゃんのココ、最高だぁ！　みちみちに俺のにからみついて……ああ、こ、こんなのよすぎるぅ！」

ヤツはそう口走ると、早々に私の中にドクドクと放ってしまいました。

私はまだイッてはいませんでしたが、すぐに相手は回復し、立て続けに私に打ち込んできて、今度は十分ほども犯し続けました。

私は否応もなく果ててしまいました。

もちろん、この事件は私の心に大きな傷跡を残しましたが、一方で、その凌辱的快感の余韻が刻み込まれた肉体は、今でも自分の意思とは関係なく疼く夜もあるのです。

■先端から滲み出した先走り液のおかげで、モノはもうダラダラに濡れまみれて……

正体不明の相手にパイズリさせられ犯されて！

投稿者 村尾アリス（仮名）／24歳／大学院生

私は国文学を専門とする大学院生です、とにかくすごい近眼で、メガネがないとほとんど話している相手の顔すらわからないという有様なのですが（コンタクトはなんだか好きじゃなくて使ってません）、これでも三回生のときに学内のメガネ美人コンテストで優勝したことがあって、それがせめてもの慰め（?）といったところでしょうか。

ちなみに私、指導教官である村井教授の愛人でもあります。

申し遅れましたがうちは私学で、文系とはいえ授業料もかなり高く、実家があまり裕福でない私は学費を工面するのがなかなか大変で、そんなこともあって村井教授と愛人契約を結び、たまにセックスのお相手をする代わりに援助してもらっているという格好です。

この村井教授、とにかく学内でセックスするのが大好きなんです。

昨日も、教授の研究室で膨大な量の資料整理をしていると、いきなり背後から襲いかかられ、服の上から胸をわしわしと揉みしだかれました。

「きゃっ！　んもう、先生ったら……またそんないきなり……！」

「いやあ、だってキミぃ、メガネが似合うそんなロリ顔のくせにこんな巨乳を見せつけられた日には、じっとしてろっていうほうが無理だよぉ！　ほうら、この軟らかいのに弾力のあるピッチピチのパイパイ……くは〜っ、た、たまらんなぁ〜っ」

怒ったようににらむ私の表情がまた逆効果のようで、村井教授はますます鼻息も荒く興奮してブラウスの中に手を突っ込んでくると、ブラをこじ開けるようにしてナマ乳を揉み込んでくるんです。巧みに乳首をピンピンと弾き、きゅ〜っとこね引っ張るようにして責められ、さすがの私もたまらなくなってしまいます。

「んあっ、はぁ、ああ……せ、先生っ……んく〜〜〜っ」

「おお、おお、乳首、どんどんビンビンになってきたよ。こんなに今にも爆発せんばかりにツンツンに尖って……ほんと、いつもながらエロいカラダだなあ、キミは」

そんなことを言いながら、胸をいじくる右手はそのままに、教授は私のスカートをめくり上げると、もう一方の左手でパンストをこじ開けて突っ込み、秘められた恥部に直接触れてきました。太い指先が私の恥ずかしい花弁をめくり上げて濡れためしべをなぶってきて、淫らな蜜が溢れ出してくるのがわかりました。

「ああ、すごい……キミのここ、こわいくらいの大洪水だよ。わたしの極太の教鞭を欲しがってるんだね……うん、いいよ、今からたっぷりとねじ込んであげるからね……はぁ、はぁ、はぁ……」

背後から私のお尻に当たる教授の股間がガチガチにこわばっているのがわかります。私の気分もどんどん昂ぶってきて、今や自分から尻肉を教授のこわばりにグリグリと押しつけているような有様でした。乱れた拍子に大きく頭を振って、思わずメガネが外れて落ちてしまうのもかまわず……おかげで視界は完全にぼやけてしまいました。

するとそのとき、予期せぬ闖入者が！

「村井教授～～っ、××大の○○教授がいらっしゃいました～～っ」

という声が、ノックと共に部屋の外の廊下のほうから聞こえてきたのです。

「……あっ、いけない！　そうだった！」

教授はハッとしたようにそう言うと、私を置いて慌てて出ていってしまいました。

どうやら来客の約束があったのをすっかり忘れてしまっていたようです。

「またあとでな」

そう言い残され、いったいいつ戻ってくるかもわからないけど、仕方なく教授を待つべく、私は乱れた着衣を直し始めました。

が、そのとき突然ドアが開き、なんと早々と教授が戻ってきたんです！

……と、私は思いました。だってボケボケにかすんだ視界の中、体形といい、背格好といい、そして灰色がかった色味の服装といい、村井教授とまったくといっていいほど同じだったから。

「あ、先生、何か忘れ物ですか？」

私はそう声をかけましたが、相手から返事はありませんでした。

その代わりにその人は、カチッとドアの内鍵をかけたあと、まだしどけなく衣服の乱れた私のほうにサッと歩み寄り、前から両肩を摑んできました。そしてそのまま上から押さえつけて、私をひざまずかせてきたんです。まだ完全に相手が教授だと思っている私は抵抗することもなくそれに従い、続いてブラウスをはだけられ、ブラも取り去られてしまいました。Hカップのナマ乳房がぷるんと露出させられたんです。

そして向こうはズボンのチャックを下ろすと黒々としたモノを私の顔に突きつけ、フェラを要求してきました。

あれ、なんだか教授のモノより大きいような……？

ことここに及んでようやくなんだか違和感を覚えてきた私でしたが、そのまま勢いに押される格好で要求どおりしゃぶり始めました。

そしてとうとう、完璧に気づいたのです。

ああ、やっぱり違う……臭いも、味も、形も……この人、教授じゃない！

でもそうなると、今度は言いようもない恐怖感が襲ってきました。

この人、誰なの？　ああ、怖い……逆らうと殺されちゃうかも……！

と、そんな私の震える心中とは裏腹に、私にしゃぶられたその人のモノは怖いくらいに硬く大きく怒張していきました。そして今度はソレを私の乳房の谷間にねじ込ませて、パイズリを要求してきたんです。

先端から滲み溢れ出した先走り液のおかげで、モノはもうダラダラベチョベチョに濡れまみれていて、私の胸の谷間でそれはびっくりするくらいスムーズにうごめき滑りました。そしていつの間にか、それに刺激されてかさっきまでの恐怖心も徐々に消え去って、私の性感も再び盛り返してきました。

私はそう求められたわけでもないのに、パイズリしながらその先端を舐めしゃぶるという行為に及び、これにはさすがの相手も感極まってしまったようで……荒々しく私から身を離すと、私のパンストを引きずり下ろし、剝き出しになった濡れた恥部にダラダラビンビンの自分のモノを当てがってきました。

そして、一気に肉奥に押し入ってきて……！

「はぁっ、あっ、あ……はひぃ……っ！」

私はデスクに背中をもたれさせる恰好で激しいピストンに身を任せ、快感に煽られるままに淫らに喘ぎ悶えました。

すると間もなく向こうも「うっ……」という呻き声を出したかと思うと、とっさに私からモノを抜き、ビュビュッ、ポタポタと床に精を放ち果てたのです。

そしてそのままそそくさと部屋を出ていってしまい、結局その正体は今でもわからないままです。いったい誰だったんだろう？

それから十分ほど経ったあと教授が帰ってきましたが、私はさすがにまた相手をするというわけにもいかず、日を改めてということになりました。

ああ、今でもあの謎の相手の強烈なモノの感覚が、股間に残っているような気がする私なのです……。

■涼平の指は出し入れを繰り返し、指の腹で私の一番感じるGスポットを捉えて……

いいかも？　リモートHの新時代カイカン！

投稿者　北沢麻里江（仮名）／30歳／OL

最近少しだけ落ち着いてきたとはいえ、まだまだ元の生活には戻れそうにありません。ええ、全世界的に流行した感染症のことです。そのせいで私の勤務先も例に洩れずというか、原則在宅ワークとなりました。

まぁ実際には気楽ですよ。ほら、朝の準備とか化粧とか、ああ今日は何を着ていこうとか考えなくて済むし。ラッシュ時間の電車に揺られることもないし。自宅なら、大げさにいうと歯を磨かなくともパジャマでいようとも仕事ができますからね、フフフ。短所があるとすれば……金曜日に片付かなかった仕事を土日にやらなきゃいけなくなったりして、仕事と休日の区別がハッキリしなくなったことですかねぇ。オンオフがなくなったっていうんですか？　ま。仕方ないですけど。

そんなある日のことです。

「おーい、麻里江～メシ買ってきてやったぞぉ～」

合鍵を使ってカレシの涼平が入ってきた。

「朝ごはんならもうとっくに済ませたわよ。ってかさぁ～、今日は週イチのリモート会議の日だから来ないでねって、昨日ＬＩＮＥしたじゃないの」

「ああ、そういやそんなこと書いてあったな。忘れてたわ」

涼介ときたら少しも悪びれずにコンビニで買ってきたおにぎりとおつまみとビールをレジ袋から取り出した。エコバッグ持てっていうのに、もったいないな～。

「ちょっとぉ、朝からお酒飲むのやめなよぉ！」

「俺の体内時計は夕方だよ。実いうと昨日の日中七時間も昼寝しちゃってさぁ～。夜になっても眠れなくて、徹夜でスマホゲームやってたんだわ」

言うなりビールのプルトップを引っぺがし、ゴクゴクと飲み始める。

「はいはい、わかったから。とにかくこっちの部屋には来ないでね。十分後に会議始まるから。テレビの音量も小さくね」

「はい、はぁ～い」間延びした返事で、だけど涼平はテレビをつけるとボリュームを絞ることもせずワイドショーを見始めた。

（まったくもぉ～～！）

涼平んちは六畳一間の西向きアパートで暖房器具が電気ストーブだけ。２ＤＫの我が家にはそれぞれの部屋にエアコンがあって快適。それだけの理由で涼平はここんとこ三日とあけずウチへくる。四つ年下のフリーター。出会いは去年、夏の海で声かけられて……え？　三十路まぢかのＯＬが、まさかナンパで年下カレシをゲットしたのかって？　ええ、そうなんです。フリーターだなんてヒモじゃね？って？　ふふ、何とでもおっしゃってください。他人がどう思おうが関係ありません。だって私と涼平ってセックスの相性が抜群に良いんですもの。一言で表現するなら「体が離れられない」ってところでしょうか……。

「ではこれより定例部署リモート会議を始めます」

会議が始まり、部長の第一声で社員たちの緊張感が高まる。

「宜しくお願いします」パソコン画面に全員の顔が映り、パサパサとそれぞれが事前に用意した資料を手元に引き寄せる……と、そのとき、膝の辺りに生温かい感触が……？　「きゃっ！」私の声に画面の八人が一斉に顔を上げて「どうした、北沢くん？」「どうしたの、北沢さん？」と矢継ぎ早に声をかけてきた。

「す、すいません。何でもありませんっ」と答えたものの、何でもないわけなかった。

隣りの部屋でテレビを見ているはずの涼平が、いつの間にかパソコンデスクの下に潜りこんで私の膝を舐めたのだった。

私は口元に手を当て、「ちょっと！　冗談やめてよね。そこどいて！」と小声で涼平に言ったが、「シッ！　会議に集中集中！　上司に気づかれるぞ！」

「なっ⁉」悪びれもせず涼平はその行為を続けようとしている。

私ときたら今日に限ってジャージのミニスカートなんか履いて涼平の思うつぼだ。

（上半身は、もちろんリモート会議用にブラウスとジャケットを羽織ってる）

私は会議に集中しようとしました。涼平はお酒が回っているせいで大胆になっているようです。ペロンペロンと膝を舐めていた舌が徐々に太腿を這ってきました。

「んん……」息が洩れてしまいそうですが力を入れてこらえました。涼平は乱暴に私の両足を開きスカートをたくし上げ、パンティの上から私の股間を撫で始めました。

「うぐ、ぐ……」リモート会議では主任が何かの説明をしているようですが、私の全神経は下半身にもってかれていて主任の話が頭に入ってきません。

「お……濡れてきたぜぇ～……」「ダ、ダメだったら……やめて……」でも涼平はやめてくれません、それどころかパンティの脇から指を差し入れて、じかに私の穴の入り口を撫で始めたのです。

「ひぃっ！」咄嗟に私は口を押さえました。「うひゃぁ～～ドロドロいっぱい出てくるぜぇ～。おい、ちょっと腰を浮かしてくれよ」「や、やめて……」と呟きながらも、言われるがまま私は腰を少し浮かしていました。案の定、あっという間に涼平は私のパンティを剝ぎ取り、あらわになった股間に顔をうずめて……。

「ハァ……ハァ……」だめよだめよと言いながら、もっと舐めてほしくて私は椅子に浅く腰かけ直しました。そしてアノ部分が涼平の舌をしっかり受け止められるよう下半身を前へ突き出してしまっているのです。ホントにもう私ときたら……！

「じゃあ次は北沢さんの連絡事項をお願いします」主任の声に少しだけ我に返り、

「は、はい……あの、ウチの課では新商品の……」チロチロと涼平が私のクリちゃんを舐めまわし、「せ……宣伝に向けて……ん……ハァッ……」

ああん、もう！　手元の資料が上手く読めないい〜〜〜！

「北沢さん？」「どうかしたのかい、北沢くん？」

「な、なんでもありません……せ……宣伝に向けてのキャッチコピーを幾つか考えまして……その候補がこちらです……」力を振り絞ってキーボードをパンッと叩き、ウェブ書類を表示させました。みんながそれを食い入るように見ています。涼平の舌はジュルジュルと私の愛液を啜りながら、指でひだをこじ開けると、ズブズブと少しのためらいもなく穴の中に侵入してきました。

「うぐぅ〜〜……」こんな大事な会議の途中だというのに……！

みんなに気づかれないように必死で表情を殺しながら、押し寄せる快楽の波をこらえてみるものの……「んんん……ふぁ……ふぁ……」私の腰は自然と前後にいやらしく動いてしまっているのです……！

みんなは私の考えたキャッチコピーについて、「こっちがいいな」とか「これのほうが斬新だ」とか意見を述べ合っています。私は「あ、ああ……ありがとうございます……」と返すのがやっとです。涼平の指は出し入れを繰り返し、指の腹で私の一番感じるGスポットを捉え、激しく突き始めました。

「イッ……フハァ……！」思わず声に出てしまいました。ああ、感じ過ぎてもうだめです。私は恍惚の表情のまんま、固まってしまいました。

「どうしたの？　北沢さん？」と聞かれても、返事をしようにも声が出ないし、うつむいた顔を上げることもできない……！

「北沢くんとこ、フリーズしてるんじゃないかな」「そうですね」「とりあえずこのまま進めますか、北沢さんにはあとで報告するとして……」都合よく、みんながそんなことを言ってくれたもんで、私はフリーズ状態を装うしかありません。クッチョクッチョと涼平の指が私の膣内で激しく突いてきます。どうかその音がリモート伝いにみんなに聞こえませんように……！　祈りながらも私の腰は涼平の指の動きに合わせて前後左右に揺れてしまいます。

「はぁ……限界……イッちゃう……イッちゃう……よ……」チョー小声で私は呟き、次の瞬間、「うぐぅ～～～～～～～！」ギィギィと椅子が激しい音を立て画面の向こうのみんなが私の様子を窺った、まさにその時に絶頂を迎えてしまいました。

「ん？　フリーズ直ったね？」「どうした、北沢さん、肩で息をして……？」

「いえ、なんでもありません。フリーズして……ハァハァ……ご迷惑おかけしました……ハァ……」息を整えながらやっとの思いで平常に戻ったけど。

いつになく大量の潮吹きで椅子も太腿もびっしょびしょ。チラと下を見ると、なんとフローリングの床までもが……！

「イヒヒ……興奮しただろう？　また次もやろうな」いたずらっぽく笑って、ようやく涼平が私から離れ、静かに隣りの部屋に移っていった。「はぁ～？　また次も？　冗談じゃない、こんなこと、みんなにバレたら会社をクビになるわ！」

その時はマジで涼平にムカついたんですけどね……あとから思い返すと、最高に感じてたじゃん、自分……って思って。うん、確かにいいかもしれない、新時代のセックスってとこでしょうかね？　次のリモート会議が楽しみになってきました。

■哲人のピストンはそのスピードと強度を上げて私の淫らなぬかるみを突いてきて……

初詣で再会した元カレとオキテ破りのヒメはじめ

投稿者 笠松るみ子（仮名）／34歳／専業主婦

年末、ふとしたことで主人の浮気疑惑が発覚し、大逆上した私は「実家に帰らせてもらいます！」じゃありませんが、身の回りの荷物をまとめて家を飛び出し、ほんとにそのまま郷里の静岡に帰ってしまいました。主人は必死で誤解だ、俺はやってないって言いつくろったけど、実は過去にも二回ほど前科があり、はいそうですかと信じることができなかったんです。

ほんとはこの年末年始、宮城の主人の実家のほうに帰る予定だったんですけど、もうそんなの知るか！　ってかんじ？　私は主人を懲らしめる意味合いも兼ねて、両親が二人で暮らす実家で親子水入らずで過ごすって決めたんです。

私の突然の帰省にさすがに驚いた両親でしたが、事情を話すと、「まあまあ、あとでちゃんと夫婦で話し合うんだよ」とたしなめるようなことを言いながらも、その実、一人娘の私と思いがけずお正月を過ごせる嬉しさを隠せない様子でした。

私は主人からの電話を着拒にして、大掃除やらおせち料理の仕込みやらなんやら、両親を手伝って家の仕事に精を出しながら大晦日を迎え、そして新年……去年は例の世界的感染症の流行のおかげで大変な年になっちゃったけど、今年は世界が平和に落ち着き、家族皆が幸せに過ごせますようにと三人でおとそを酌み交わしながら話し、とても穏やかなお正月を迎えました。

そのうち私は思い立ち、近所の大きな神社へ初詣に行くことにしました。時間が経つにつれてだんだんと主人への怒りの気持ちも鎮まり、今年は夫婦仲良く過ごせるといいなと、神様にもお願いしたい気持ちになったからです。

「じゃあ、夕方までには帰るね」

「ああ、行ってらっしゃい。今夜はおまえの好きな焼肉にするからね」

「ほんと？　やったーっ！　じゃあ、行ってきます」

私は母の見送りを受けながら出かけ、神社に向かいました。

行ってみると、さすがに例年のようなめちゃ込み大行列というわけにはいかず、皆必ずマスク着用、かつ十分なソーシャルディスタンスをとった上での参拝という態勢がとられていました。

すると、十五分ほど列に並んだところで、「あれ、るみ子じゃね？」と呼びかけてくる声が。見ると、なんと高校の頃つき合ってた元カレの哲人でした。実は三年ほど前に同窓会があってそのときに会っているので、たとえ高校時代とは大変わりしているといっても、すぐにわかったわけです。

哲人はすでに奥さんと子供とで参拝を済ませ、今まさに帰ろうとしているところだったみたいですが、私と少し話すうちによからぬ思惑を抱いたようでした。

「なあ、るみ子、今ダンナとそんな状態なら、気分転換にこれから二人だけでキモチよく旧交を温めないか？　うちの家族は、適当に理由をつけて先に帰しちゃうからよ。久しぶりに、な？」

と、マスク越しに耳元で囁き、好色そうな目でウインクしてきました。

まったく、こんな神聖な場所で堂々と誘惑してくるなんて……。

実は先の同窓会のときにも誘われたんですが、そのときは時間的制約もあり辛うじて断ったものの、もともと私たち、カラダの相性がよかったのもあって、正直心が揺らいだのは本当でした。だから、今こうして夫との和解を期して初詣に来ていながら、一方で夫への腹いせみたいな気持ちもあって、私の心はもうグラグラでした。

「な、いいだろ？　るみ子、俺のコレ、大好きだったじゃん。まだまだ衰えてないぜえ？　俺もおまえのアソコの締まり具合、また味わってみてえよお」

「ちょ、ちょっとやめてよ、こんなとこで……あんた、バカなの？」

と言いつつ恥ずかしい話、私はそのとき、昔の哲人とのエッチの快感を思い出して、密かにアソコを濡らしてしまっていました。

「……うん、五時までに帰らせてくれるんなら、つきあってもいいけど……」

「五時か。おう、まだ二時間ちょっとあるな。オーケー、まかせとけ！」

言うが早いか、哲人はスマホで奥さんに適当な理由を告げて先に帰るよう言うと、参拝を待つ列から私を連れ出し、ズンズンと手を引いていき境内を出ました。そしてそこから歩いて十分ほどのところにあるラブホへと向かったのです。

部屋に入るや否や、シャワーを浴びる時間も惜しんで私たちは服を脱ぎました。

「マスクはどうする？」

「う〜ん……念のため、着けたままで」

「了解」

二人とも全裸のマスク姿という妙ちくりんな格好でしたが、すでにかなり性的に高ぶってしまっているのもあって、まったく気になりませんでした。

マスク越しに、お互いの唾液が染み出さない程度の軽めのキスを交わしたあと、哲人はマスクを外して、私の首から下の体に対する愛撫にとりかかりました。

まだ子供を産んでいないこともあって、美しい張りと艶を保った（と、夫からいつも言われてる）左右の乳房を、大きくゆったりと揉みしだきながら、時折乳首をクニュクニュとこね回しつつ、哲人はチュパチュパレロレロと吸い舐め、その勝手知ったるテクニシャンぶりを発揮してきました。

「んあっ……あ、はあ……」

ああ、これこれ、この絶妙のタッチ……ほんと、たまんないわぁ……私は湧き出す快感に恍惚としながら悶え、喘ぎ……手を下のほうに伸ばして彼のモノに触れると、もう十分大きくなっているその亀頭部分をこねくり回しつつ、竿を摑んで上下にしごきたてました。先端から滲み出た透明で粘り気のある液がからみついて、ヌチャ、グチュ、ズチュ……と、いやらしい音を発しました。

「う、うん……るみ子……あ、ああ……」

哲人もせつなげな声をあげながら私のアソコに指を差し入れ、湿った肉ひだを掻き回すようにしてきて……さらにあられもなく恥ずかしい音が、ビチャビチャ、ジュブジュブ、グッチャグッチャと……！

「あ、ああん、もう、もうたまんないの、哲人！　は、早く入れて……哲人のおっきいオチン〇ン……思いっきり奥までぇっ！」

「ああ、入れるぜ！　るみ子のこのいやらしいオマ○コに、思いっきり！」

哲人は手早くゴムを装着すると、完全にいきり立ったモノをヌプヌプと挿入してきました。その形、その大きさ、その硬さ……懐かしくも甘美な肉体の記憶が私の中に甦り、それを追いかけるように極上の快感が押し寄せてきました。

「ああっ、はっ、はぁ……あああ、いい……いいわっ、哲人ぉっ！」

「うぐ……お、俺もっ……るみ子のマ○コ、やっぱりサイコーだぁっ！」

見る見る哲人のピストンはそのスピードと強度を上げて私の淫らなぬかるみを突き、深々と掘削し、いよいよクライマックスが迫ってきました。

「あ、ああ、イク……イッちゃう！　あああああ～～～～～～ッ！」

私はその爆発するようなオーガズムに絶叫し、哲人もゴムの中にたっぷりとザーメンを吐き出しました。そりゃもうすごい量で、なんか私も嬉しかったです。

その後約束どおり、哲人は四時半には私を家に帰してくれました。

そして夜、両親と三人で焼き肉の夕飯を楽しみながら私は、

『あっ、明日あらためて初詣に行って、あの人との和解をお願いしなきゃ』

と思ったのでした。

■ダンナのほうも私と龍二の交ぐわう様を見て相当昂り、今にも発射しそうな勢いで……

双方向ノゾキ・プレイの変態カイカンに溺れて

投稿者 森みすず（仮名）／29歳／パート主婦

「ちょっと刺激的な遊び、してみないか？」

つきあい始めて三ヶ月目になる、セフレの龍二（三十一歳）が言った。

最近、ダンナとセックスレス気味だった私は、心身ともの悶々モヤモヤを解消するべく龍二とそれ系のサイトで知り合ったのだけど、彼は顔もあっちのほうもイケててカラダの相性もバッチリ！　今のままで十分満足してて、特段これ以上の刺激が欲しいとも思っていない私は「ん？」というかんじだったけど、彼があんまり熱心に誘うものだから、試しに乗ってあげることにした。

「うん、まあいいけど」

「よし、話は決まった。じゃあ次のエッチデーに決行しよう。タイミングを見計らってまたＬＩＮＥするよ」

そしてそれから三週間後、龍二からＬＩＮＥが来て、いよいよその『刺激的な遊び』とやらの日時が決まった。その間、龍二は内容については全然教えてくれなかったので、最初はさして興味もなかった私も、この頃には興味と妄想が膨らんで、逆に恐ろしく期待が高まってしまっていた。

ちょうどその日はダンナも、ウソかホントか遅くまで残業ということで、夕方の五時に待ち合わせた私と龍二には、たっぷりと楽しむ時間があった。

「じゃあ行こうか」

龍二に連れていかれたのは、街はずれにある小さな雑居ビル。お世辞にもきれいとは言えず、ビル全体にえも言われぬいかがわしさが漂ってるかんじだ。怖いというよりも、逆にアブナイ気分が高まってきてしまう私がいた。

狭いエレベーターで最上階の五階に上がる。降りるとすぐそこは一つの店舗らしきフロアになっていて、龍二は店員らしき男性と少し話し、そのあと私と連れ立ってある部屋に案内された。

入ると、パッと見そこはセミダブルのベッドが一つ置かれ、こぎれいに片づけられた女性の寝室らしき雰囲気だったが、明らかに尋常でないのは四方の壁の一面だけがガラス張りになって、外から丸見えになっていることだった。

「えっ、何これ……？」

私は龍二に訊ねたが、彼は、

「まあまあ、今にわかるよ」

としか言ってくれず、有無を言わさず私を隅のシャワールームに連れていくと、二人で軽く体を洗い合い、汗を流した。

そして濡れた体を拭いてから例の寝室に戻ると、龍二があるものを取り出して私に渡してきて言った。

「はい、じゃあこれをつけて」

それはSMの女王様が着けるような真っ赤なアイマスクだった。「えっ？」と怪訝そうに言葉を発した私だったけど、龍二も同じように黒いアイマスクを着けたので、渋々従うことにした。いつもと違う気分を盛り上げるツールかな……ぐらいに思いながら。

次いで私たちはベッドに上がり全裸のまま抱き合った。いつもどおりの情熱的な龍二のキスが、私の口といわず、耳朶に、うなじに、胸に、脇に……下腹部に、雨あられと降りそそがれる。壁一面のガラスとか、アイマスクとか、多少の気になる部分はあったけれど、私は龍二の巧みな手練手管に翻弄され、次第にその蕩けるような甘美な快感に呑み込まれ、我を忘れていった。

「あ、あん……んんっ、ン……」

Fカップある乳房をタプタプと揉み揺らされながら、からみついた舌で乳首をネロネロと舐め回され、吸い啜られて、たまらない喜悦が身中から湧き上がってくる。

「お～お、いつにも増して乳首ビンビンに立てちゃって……針で刺したら今にも破裂しちゃいそうな勢いだ。ふふ、ちょっと噛んじゃおうっと」

「……んあうぅっ！　ひ、ひぃ……っ！」

龍二に痛いほどいきり立った乳首を甘噛みされ、そのたまらない刺激的快感に、私は思わず悶絶してしまう。

「さて、ここまで感じてると、下のほうももうさぞかし……」

そう言って、龍二は乳首を舐め噛みしながら、手を伸ばして私のアソコに指を忍ばせてきた。グチュ、ジュブ、ニチャッと恥ずかしいほどの淫音をたてながらそこはぬかるみ、指が抜き差しされるたびにゾクゾクと悦楽が這い上がってくる。

「ああっ！　あ、あん……いいっ、ん、んんんっ……！」

いつもどおりとても感じるけど、かと言って普段と比べて特段刺激的なわけでもない……そんなプレイがしばらく続いたあとのことだった。

悶える私の視界の隅に、何やら変な動きが……え、なになに？

今度は顔を埋めて龍二にアソコをピチャピチャと舐められ、よがりながら、私はその気になったほうに視線を向けてみた。そして驚いてしまった。

なんと例の壁一面のガラス張りの向こう側に、ぞろぞろと三、四人の男たちが入ってきて、私と龍二の痴態を見物し始めたのだ。しかも皆、全裸で。

「えっ⁉　龍二、なんなの、アレ？　あの人たち、何してるの⁉」

驚いて問う私に答えた龍二の言葉は衝撃だった。

「うふふ。実はここ、ちょっと変わり種のノゾキ部屋なんだ。他人のエッチを覗くことで興奮してオナニーを楽しみたい客と、反対に他人に覗かれることで燃えるカップルと……双方の欲求を同時に満たしちゃうという、まあいわば『変態マッチング・プレイ』とでもいうのかな。店としても、普通の風俗とかならお店でお金を払って女の子を雇わなくちゃいけないけど、ここなら両方の客からお金がとれる上に、雇う必要もないっていう、画期的なシステムなわけさ」

龍二はさらに続けた。

「あと面白いのは、向こうで全裸でオナニーしてる男性客たちは、これがマジックミラーで、俺らのほうからは自分たちのことが見えてないって思ってるけど、実は間にあるのはただのガラス板で、ホントはお互いの姿が丸見えってとこ。じゃないと、こっちのほうは見られてる実感がないし、不公平だろ？　あ、でも完全防音で双方の音や声は聞こえないけどね」

なるほど、と納得しながらも、私の胸中はまだ落ち着かない。

たしかに、第三者に見られ（しかもオナニーされ）ながらのエッチなんて初めてだし刺激的だけど、こんなんでキモチよくなれるかな……？

と思いながら、あらためてよく目を凝らして向こうの連中を見た私をさらなる衝撃が襲った。ま、まさか……⁉

なんと、向こうのうちの一人が、私のダンナだったのだ！

ということは、あの人ったらこういう変態覗きオナニープレイでしか興奮できない体質になってしまってるってこと？

私は自分たち夫婦の思わぬセックスレスの原因を、こんなところで知らされるハメになったわけだ。まあ、アイマスクのおかげで向こうからはこっちの顔がわからないというのが、せめてもの救いだが。

そんな事態になっているとはつゆ知らず、龍二はさらにガンガンと私を攻めたててきた。シックスナインで濃厚にお互いをむさぼり味わったあと、ギンギンに濡れ勃起したペニスを打ち込んできて……。

「あひぃっ！　ひあ、あっ、あっ、あっ……んあああぁぁぁっ！」

そうやって激しく深くピストンされているうちに、私は心身ともに淫らに開き直ってきたみたいだった。自分のダンナに覗かれ、オナニーのおかずにされながら別の男に抱かれてることに、常軌を逸した興奮と快感を覚えるようになったのだ。見ると、一方のダンナのほうも私と龍二の交ぐわう様を見て相当昂り、今にも発射しそうな勢いで自分のモノをしごいている。

ああ、私たち夫婦、なんてねじれた形で快感に溺れちゃってるんだろう……？

でも、これはこれでひとつの愛のカタチなのかもしれない。

「ああっ……あっ、あん……龍二、いいわ……もうイキそうっ……！」

「はぁはぁはぁ……お、俺も……もう、出すぞっ！」

「あひっ……あ、あああああ～～～っ！」

高らかに絶頂の悲鳴を響かせながら、私は目の端でガラス壁にべっちょりと精液をぶちまけるダンナの姿をとらえ、えも言われぬ満足感を覚えていた。

第二章　禁断の快感に溺れて

■ぬっちょぐっちょと指が抜き差しされると、たまらない快感がせり上がってきて……

私を襲ったレイプ事件の黒幕はなんと婚約者だった!?

投稿者 坂村仁美（仮名）／28歳／OL

実質的婚約者ともいえる、近い将来結婚するつもりでいる貴弘（三十歳）……でも、正直今、本当に彼と結婚していいものかどうか、悩んでいます。それというのも、彼のとんでもない本性を知ってしまったから……。

つい先月の出来事です。

私は仕事を終え退社し、家路につきました。残業があったので、すでに夜九時を回っていて、私の焦る気持ちを表すように、会社から駅へ向かう足は小走りになっていました。というのも、ここはまだいいのですが、自宅のある最寄り駅はまだあまり開発の進んでいないけっこうな田舎で、駅前といえどもほとんど商店などもなく街灯もまばらで、夜九時を回ると真っ暗になってしまい、徒歩で家に帰り着くまでの十五分ほどの道程がほんとウラ淋しく、怖くてたまらないんです。

結局、最寄り駅に電車が着いたときには十時近くになっていて、私はもう開き直って、決死の覚悟で一人暗い夜道を歩いて帰るしかありませんでした。一応、事前に家に電話をしたのですが、父もまだ仕事から帰っておらず、車のないうちは、まさか母に一人で歩いて迎えに来てもらうわけにもいきません。

駅を出て、もちろん私は自然に小走りになりながら、家路を急ぎました。

五分歩き、十分歩き……さあ、あともうひと頑張り。

最大の難所（？）である、この辺りでもっとも人家もなく人気に乏しい地域にさしかかったところで、私は気を引き締め直して歩を進めました。

と、とある曲がり角を折れた直後のことでした。

一瞬、背後に何かの気配を感じた私でしたが、そちらを振り返りきらぬうちに口元を何か布切れのようなもので覆われ、強烈な刺激臭をかいだかと思った瞬間、あっという間に意識が吹っ飛んでしまったんです。

気がついたときには、私はだだっ広い倉庫のような建物の中にいました。両手は後ろ手に縛られ自由がきかず、コンクリートの床の上に寝転がされていました。そして口には猿ぐつわを噛まされ、まともに声を出すことはできませんでした。

私は自分の身に何が起こっているかわからず、恐怖と不安でパニック状態に陥っていました。私、どうなっちゃうの？　殺されちゃうの？

そのとき、「気がついたみたいだな」と、誰か男の人の声がしました。

そちらのほうを見上げると、ごつくて大柄な人影が立ちはだかり、私のほうを見下ろしていました。建物内に照明はなく、窓ガラスから差し込む月明かりに、かろうじておおよその辺りの様子と気配が察せられる程度で、相手の顔かたちなどは確認しようもありませんでした。

「大丈夫、おとなしくしてれば危害を加えるようなことはしないから」

顔のわからない相手はそう言いながら、自分の衣服を脱ぎ始めました。カチャカチャとベルトの金具を外すような音、床に服が滑り落ちる衣擦れのような音が聞こえたかと思うと、続いて相手の生肌の体温が私の皮膚に触れ、上着とブラウス、スカートなどに手がかけられ、引き剝がされていくのがわかりました。

「……ッ!? んんっ、んぐ、んぐふぅぅ！」

まさに自分が犯されようとしている、その窮地を察した私は、声にならない呻きをあげながら、相手に抵抗すべく身をよじって必死で暴れました。

「おいこら、おとなしくしろって……なあ、くそっ……！」

すると向こうは、最初はなんとか穏便に私の手足を押さえつけようと努めていたようでしたが、あまりの激しい抵抗に業を煮やしたように、ついに……、

「おらっ、メスブタ！　殺すぞっ！」

ドスの利いた声で唸るように言うと、私の頬にとてつもない力で平手打ちをくらわせてきたんです。

「……っ、ぐぅ、ふうぅっ……！」

私はひとたまりもなく悶絶すると、一瞬にして全身が脱力したようになってしまい、抵抗するどころではなくなってしまいました。でも、だからといって、いったん爆ぜてしまった相手の勢いは収まることなく、

「ぴーぴーうるせぇんだよ、このメスブタがぁっ！　お仕置きしてやんなきゃわかんねぇみたいだなっ、ああっ⁉」

と、ますます激昂すると、力任せに私のブラジャーを引きちぎり、パンティもむしり取り去ってしまいました。うす暗がりの闇の中に、私の胸の丸い双丘が青白く浮かびあがり、それが相手の屈強な手によって鷲掴まれ、荒々しく揉みしだかれる様が自分の目に映りました。

そのときでした。相手が何やら妙なことを口走ったのは。

「……ったく、とんでもねぇエロいカラダだぜ！　こりゃカレシならずとも、ムチャクチャにされるザマが見たくなるってもん……っと、やべぇやべぇ！」

カレシ？　ムチャクチャにされるザマ？　……こいつ、何言ってるの？

一瞬、私の顔に浮かんだ怪訝な表情を打ち消すように、相手の行為はさらに激しく荒ぶってきました。

まるでプロレスラーが対戦相手を渾身の絞め技で責めたてるかのように、私の乳房に思いっきり爪を立て、ギリギリと引き搾りながら、乳首に吸いつき強烈にバキュームしつつ、歯を立てて噛みちぎらんばかりに引っ張って！

「……んひっ！　んぐぐっ……うっ、んぐふぅぅっ……！」

なだれのように苦痛の波が押し寄せてきましたが、同時に感じられたえも言われぬ快美な感覚に、私はとまどってしまいました。

えっ？　……怖くて、痛くて、忌まわしいだけの行為のはずなのに……ど、どうして私、こんなに濡れてきちゃってるの？

当たり前ですが、レイプされるのなんて、今日が生まれて初めてのこと……何かで読んだことがある、女って頭とカラダは別物……責めいじめられるほど、つらい目にあえばあうほど、気持ちとは裏腹に快感を覚えてしまう業の深い本性があるって……あれって本当のことだったの⁉

「ほらほら、こっちのほうもすっかりとんでもねぇことになっちまってるぜ！　とろとろに蕩けて、俺の指を溶かさんばかりに熱く燃えて……！」

そう言いながら、ぬっちょぐっちょと指が抜き差しされると、もうたまらない快感がせり上がってきて……！

「んひっ、ぐふっ……ふぬっ、んふっ、うふぅ……！」

びちょ、ぬちゃ、じゅぶぶ、ぐちゅぶ、ずちゅう……股間を大きく割られ、内部で舌をこれでもかと掻き回され、啜り上げられると、あまりにもよすぎて、ビクンビクンと自然に腰が跳ね上がってしまいました。

「んああ～～～っ、もうたまんねっ！　入れるぜ、俺の太くて硬いの！　ガツンガツン突いて、子宮の奥までメチャクチャにしてやるぅ！」

そして次の瞬間、その太くて硬いみなぎりが入ってきて、私のカラダを打ち壊さんばかりの勢いで腰が叩きつけられ、肉壺の中を掘削されると、次から次へと喜悦の火花が飛び散り、乱れ咲いて……、

「んぐふぅ……んひぃ～～～～～～～～～～～～っ！」

私は信じられない高みまでオーガズムの大波に打ち上げられていたのでした。

その後、どうにか自宅まで辿り着いた私でしたが、もちろん、家人にさっきの出来事を話すことなんてできませんでした。それは、レイプされたこと自体に対する羞恥

と恐怖もありましたが、もっと忌まわしいもの……相手が口走った、あのことがあったから……。

そしてその後、密かに私は発見してしまったのです。

貴弘のスマホの中に、あの日の私のレイプ動画が保存されていることを。しかも、彼は時折、それを見てはオナニーしているようでした。

私が考えるに、あのレイプ事件の黒幕は貴弘に違いありません。きっと彼は、私を普通に愛する以上に、私が責め犯されている様を見ることに悦びを感じ、興奮してしまうのだと思います。

これも一種のネトラレなのでしょうか？

私、このまま、こんな貴弘と結婚してしまっていいものでしょうか？

当分、私の悩める日々が続きそうです。

■私は肉棒をしゃぶり、オッパイを揉まれ、そして下半身をモゾモゾとうごめかして……

主婦友が寝てるその横でダンナを寝取ってしまった私

投稿者 沢井エリカ（仮名）／33歳／専業主婦

ああ、やっぱり佳奈さんに気づかれちゃってたみたい。

私が彼女のダンナとやっちゃったこと。

でも、なんかちょっと変だな。もっと怒っていいはずなのに、そーゆーかんじでもなく、微妙に喜んでるような……？

あ、ひょっとして彼女……？

元々、私と佳奈さんは、ちょっと有名な料理研究家の先生がご近所でやってる教室で、生徒同士として出会ったんだけど、同い年ということもあって、あっという間に意気投合して仲良くなって……いつの間にかお互いのダンナを交えた家族ぐるみのつきあいになってたんだよね。

どっちの夫婦にも子供がいなかったんで子育てまわりの縛りもなく、週末になると皆で美味しいものを食べに行ったり、ドライブに行ったり。で、そのうち私だんだん、佳奈さんのダンナの卓也さんのことが好きになっていっちゃってさ。向こうのほうもまんざらでもないかんじなのは、なんとなくわかった。女の勘ね。

でもまあ、かといって深い関係になるような機会なんて、そう簡単にあるわけもなく、ちょっと悶々としたかんじの日々を送ってたんだけど……とうとう、その日がやってきちゃったんだよね。

去年のクリスマス、私んちのマンションで初めてホームパーティーやりましょって話になりまして……四人で食材やらお酒やら買い出しに行って、早い夕方から女二人で調理にかかって、準備万端整った夜の七時過ぎから、いよいよ宴の始まり！

飲んで食べて、プレゼント交換なんかもしちゃったりして、そりゃもう楽しくて、楽しくて、気がつくとあっという間に時刻は十時近く。

後片付けのこともあるし、私、そろそろお開きにしなくちゃって思って、皆に声をかけようとしたんだけど、見事にうちのダンナ、酔っぱらって爆睡しちゃってて。あ～あと思って佳奈さんのほうを見ると、こっちも沈没状態。ソファに寄りかかって寝ながら、なんかムニャムニャ言ってる。

と、そこへ、今の今まで同じように酔っぱらって寝てたはずの卓也さんがムクッと起き上がってきて、

「やあ、エリカさん。やっと二人だけのパーティーの本番が始められそうだね」って。「えっ？」と一瞬、意味がわからなかった私だけど、次の卓也さんの行為で、いやでも理解させられることに。

卓也さんは私のほうにずいっとにじり寄ってきて、がばっと私を抱きしめると、いきなり唇にキスしてきたの！　そして有無を言わさず舌を突っ込み、私のにからめてチュウチュウ、ジュパジュパと吸ってきて……ちょっとちょっと、すぐそこにお互いのパートナーが寝てるんだよ？　正気⁉　と思って、ジタバタもがいたけど、卓也さんったら全然動じず……っていうか、さらに抱きしめる腕に力を込め、口内の吸い上げを激しく濃厚にしてくる始末。私、どんどん意識が朦朧として、とろんとした気持ちになっていっちゃって。

「んん……んぐ、うううう……っ」

思わず甘ったるい呻き声あげて、悶えちゃった。

そしたら卓也さん、ようやく唇を離して、

「ああ、エリカさん、どんなにこのときを待ったことか……顔を合わすたびに、せつなくて、悩ましくて、おかしくなっちゃいそうだったんだから！」

と言い、今度は服の上から私のカラダをまさぐり回してきた。

「あ、ああん……で、でも、いくらなんでも……いつ二人が目を覚ますか……」

私はもうすでにかなり感じつつも、建前上、一応そんな言葉を吐いてもみるんだけど、卓也さんったら、

「そのときはそのときさ！　俺のエリカさんへの想い、もう止められないよ。ほら、見てよ、コレ！　こんな状態でやめさせられたら、俺、もう気が狂っちゃうよ～！」

と言い、自分でズボンと下着を下ろしてアレを見せつけてきたの。

いやもう、その怖いくらいのいきり立ちっぷりときたら……まず、その優に十五センチはある大きさにもびっくりしたんだけど（うちのダンナの勃起サイズは十センチちょっと）、なんといっても、まさに『怒張』という表現がふさわしいほどの、その亀頭の張り出しっぷりと、太い血管がウネウネと走る野太い肉竿……そんな凶暴なまでの荒々しさに、私、完全にノックアウトされちゃった。

だって、ダンナのって、大きさもたいしたことない上に、こんな迫力もないんだもの……私、まるで魅入られたようになっちゃって、思わず卓也さんのソレに手を添え、しゃぶりついてた。

パンパンに張った亀頭をねぶり回し吸いたて、太い血管の凹凸を楽しみながら肉竿を上下に何度も何度も舐め上げ、舐め下ろして……ボリュームのある玉袋も手のひら

でコロコロ、ゴリゴリとなぶりいじくって。

「う、ああ……いい、た、たまらん、エリカさんっ……！」

卓也さんは私の無我夢中の愛戯に呻き悶えながらも、手を伸ばして器用に私の服を脱がせ、ブラを外して……タプンとこぼれた乳房を揉みしだき、乳首を摘まんでこねくり回してきて……。

「んあっ、はっ……ぐふっ、うふぅぅ……！」

あ～ん、気持ちいいよ～……私はその愛撫の快感に悶えつつ、さらに熱を込めてカレのソレをむさぼりまくって。もちろん、とっくにアソコのほうももうグッチョグチョ！　私は肉棒をしゃぶり、オッパイを揉まれ、そして下半身をモゾモゾとうごめかして、なんだか妖しい一匹の芋虫みたいになってた。

「ああッ、もうだめだ！　エリカさん、俺のチ○ポ、エリカさんのマ○コに入れちゃうからね！　いいよね？　ね？」

「あ、ああん……ま、待って！　向こうにゴムが……」

「ううっ、そ、そんな余裕ないよ！　いいじゃん、ナマで！　そのほうがお互いに絶対キモチいいんだからさ！　ほら、お尻、こっち向けて！」

卓也さんはもう暴走機関車みたいになって、私の言葉など聞く耳持たず！　ジーン

ズとパンティを剝ぎ取って、バックから豪快に挿入してきた。それはまさにズドーン
っていうかんじのインパクトで、私はそのアソコが壊れんばかりの衝撃と快感に、自
分からも狂ったように腰を振って応え、感じまくっちゃってた。
「ああっ、はっ、ああ～～～～ん！」
「ああっ、エリカさん、エリカさん、あ、ああ、あああ～～～っ！」
ギリギリ、卓也さんは肉棒を引き抜いて私の腰の辺りにどばどばと射精し、私もそ
の五、六分という短い時間の間に二回もイかされちゃってた。
そんな、最高に気持ちいいけど、超スリリングだった一夜。
うちのダンナはまったく気づいてるふうはないけど、やっぱり佳奈さんは、そのと
き意識があり、私と卓也さんの痴態を見てたみたい。
この前、私、彼女にこんなこと言われたんだもの。
「エリカさんのおかげで、なんだか私の気持ちにも火がついちゃったみたい。これま
で醒めたかんじだったのが、最近やたら、夫婦で燃えるのよね」
ね？　佳奈さんって、ネトラレ体質だと思いません？

■あたしはそそり立った彼のモノを、根元をしっかりと掴んで自らの肉裂の奥へ……

憎きいじめっ子のダンナを寝取って快感リベンジ！

投稿者　林原みゆき（仮名）／25歳／保育士

まさか、今こんなところで、憎いアイツに再会するなんて思ってもいませんでした。それは小学校時代、あたしのことを徒党を組んでさんざんいじめた、同級生の沙織。

再会した場所は、あたしが保育士として勤めている幼稚園。そう、沙織はそこに子供を預ける保護者として、あたしの目の前に十三年ぶりに現れたんです。

でも、いいのか悪いのか、あたしは彼女のことを一目見て（結婚して苗字が変わっているにも拘わらず）わかったっていうのに、向こうはあたしのことなんて全然気づかず……まあ、いじめてた側のほうなんて、そんなものかもしれませんよね。逆にいじめられてたほうは死んでも忘れないっていう。

だけど、だからといって「ここで会ったが百年目！」なんて、復讐しようとかいう気はさらさらありませんでした。まさか預かってる早織の子を（美久ちゃんっていって、これがまた可愛い子なんです）腹いせにいじめるなんてことはできませんでしたし、他に適当ないいリベンジ法なんて思いつかなかったし……だからもう、気持ちを切り替えてきれいさっぱり忘れようって。

ところがそんなあるとき、とんでもなくいい方法が見つかっちゃったんです。

早織が二人目を妊娠し臨月を迎え、彼女の実家に戻ってお産の準備をするということになり、その間の美久ちゃんの園への送り迎えを、彼女のダンナが代わりにやることになったんです。彼、翔太さんっていうんですけど、なんでも彼の仕事が、例の感染症騒動からこっち、ほとんど在宅でのリモートワークになったということで、送迎のための時間の融通もきくってことで。

そして、最初に翔太さんが美久ちゃんを園に送り届けにきたとき、彼のことを見て、私は一瞬、頭がポーッとしてしまいました。

ものすごいイケメンだったんです。

そりゃもう、そのとき周りにいた他のお母さん方や、保育士たちも思わず見とれて動きが止まっちゃうほど。

そこで私は閃いたんです。

まちがいなく彼は、早織の自慢の夫。かなりいい会社に勤めてるっていうから、そりゃもうさぞかし鼻高々でしょうよ。じゃあ、もしその自慢の夫が、子供を預けてる保育士に寝取られちゃったとしたら？　すっげー悔しくない？　それも自分が昔、さんざんいじめ倒した相手にだよ？

もう想像するだけで、顔いっぱいに悪魔のような笑みが広がっていくのが自分でもわかりました。まあもちろん、寝取るだけ寝取って、そのことを早織に知られるつもりはありませんでしたが。さすがにそりゃ何かと色々まずいでしょ？　要は私自身がこっそり満足できればそれでいいんです。

あと当然、あんなイケメンと一度でいいからエッチしてみたいっていう、あたしの純粋な欲望があることは否定しませんけどね。

そして早速、その週の金曜の下園時間。

あたしはお迎えにやってきた翔太さんに「ちょっと美久ちゃんのことでお話ししたいことがある」って、もっともらしくちょいシリアスな表情つくって言いました。すると彼、すっごい心配そうに食いついてきて。あたし、しめしめと思って、「落ち着いたところでじっくりと話したいので、お宅にお邪魔できませんか？」と提案し、翔太さんは二つ返事でＯＫしました。

翔太さんと美久ちゃんが連れ立って帰ったあと、あたしはその日の園での雑用を済ますと、夕方の五時頃、教えてもらった自宅マンションへと向かいました。

すると、美久ちゃんは早々と寝ていて、翔太さんは「いやあ、こんな時間に寝られると、遅くまで夜更かしされちゃいそうで困りますよね」と言いながら、あたしをダイニングキッチンのテーブルに案内し、お茶を出してくれました。あたしは内心ほくそ笑みました。美久ちゃんが疲れて早々と寝てしまうことを願って、園でたっぷりと体を動かす遊びにつきあってあげたのですが、まんまとそのとおりにことは運び、あたしの寝取りリベンジ作戦における邪魔者はいなくなったわけですから。

「で、美久についての話って……？」

ダイニングテーブルを挟んで、あたしに心配そうな視線を送ってくる翔太さん。あたしは、「それがですねえ……」と、ことさら深刻そうな声音を装いつつ、席を立って彼のほうに回り込むと、座った背後に立ってその両肩に手を置きました。

「……先生……？」そう怪訝そうに言いながら、首をひねってあたしのほうを見上げようとする翔太さん……今だ！

あたしは彼の首を抱え込むように身を屈めて、その唇に向けて強烈なキスをかましていました。「……ッ!?　んぐぅ……んぐ！」じたばたと必死でもがく翔太さんでしたが、あたしはよりしっかりと手に力を込め（あたし、実は中・高とレスリングやってて、力ではその辺の男なんて敵じゃないんです。もちろん、翔太さんも……フフ）、ガッチリとロックした彼の唇を吸い上げ、全身全霊をかける勢いで舌をからませ唾液を啜り搾りました。すると、さすがにもがき疲れた翔太さんの体からは力が抜けてきて。

「せ、せんせい、な、なんでそんな力が……な、何者？」

あたしは、息も絶え絶えな翔太さんの体をリビングのソファのところに引きずっていくと（笑）そこに寝かせ、シャツとズボンを脱がせ、パンツも剝ぎ取って素っ裸にしてやりました。そして自分でも服を脱いで、自慢のマッスルボディを露わにしたんです。あ、でも、そんなムキムキじゃないですよ！　あたしこれでも、美少女ＪＫレスラーとして、けっこうファンが多かったんですから。そんな人たちからしたら、今あたしにこうされてる翔太さんのほうが、ずっとうらやましがられるっていうものです。なんてね（笑）。

あたしは翔太さんに覆いかぶさりました。彼のほうもまだ二十代後半という若さですから、適度に引き締まったいいカラダをしていましたが、もちろん、あたしの敵じゃあありません。彼はほとんど身動きできず、あたしのＨカップの豊満な乳房を顔に押しつけられ、黙ってねぶり、乳首を吸うしかありません。

「あっ、ああ……ああん……」

ほとんど逆レイプですが、あたしは近くで見れば見るほどステキなそのイケメンが、自分の乳房の圧力で苦しげに歪む様に、ますます興奮し、性感が一気に昂ぶってしまいました。あっという間にぐっちょりと濡れてきた下腹部を彼の腰にこすりつけようとすると、その股間の肉竿もビンビンに硬く立ち上がっているのがわかりました。あたしはそれにナメクジのようにねっとりと淫液の這い跡をつけながら、腰をうごめかして、ぐっちょ、ぬっちょと素股責めしてやりました。

「あ、ああ、せ、先生……っ……」

翔太さんは甘ったるい呻き声をこぼしながら身悶えし、興奮にますます肉竿を肥大化させていきました。おお、すごい！　あたし、そんなわけでこれまで何人かのムキムキレスラーとエッチする機会があったけど、別にチ○ポの立派さと筋肉は比例するわけでもなく、そんな彼らよりも肉体的にはずっと貧弱な翔太さんのモノのほうが断然イケてたんですね、これが。

「ああ、すごいわ、あなたのチ○ポ……」

あたしはそれから四～五分ほどもそれをしゃぶり倒し、たっぷりと味わったあと、体を起こして彼の腰の上にまたがりました。

そう、マウントポジションです。

レスリングではほとんどこの体勢になることはありませんが、そこは同じ格闘競技を経験した者として、やはりこういう攻めの形は燃えるというものです。あたしはそそり立った彼のモノを、根元をしっかりと摑んで自らの肉裂の奥へとねじり込みました。ずぶずぶ、ぐちゅぐちゅ……と、熱くたぎった肉感に胎内を満たされ、体の奥のほうからエクスタシーの波が這い上がってきます。

「ああっ、あ、ああ……い、いいっ……はうあっ……！」

「く、くふぅ……せ、せんせいの中、せ、せまいっ……！」

そりゃもうみっちり、ねっちり鍛えてありますから！

あたしはもう、翔太さんの体が壊れんばかりに腰を振り乱し、上体をバウンドさせて彼のモノを喰い締め、むさぼり、食べ尽くしました。

別室で何も知らず寝ている美久ちゃんには申し訳ないけど、それはもうサイコーに気持ちよかったです。

ごめんね、美久ちゃん。でもね、もとはといえば、これみ～んな、あなたのママが悪いんだからね。先生を恨んじゃだめよ？

■シャブシャブ、ジュルジュルと肉ひだを食まれ、肉蜜を啜り上げられて……

検針で訪ねた家で私を見舞った老いらくの欲望

投稿者 山浦美聡（仮名）／29歳／電気メーター検針員

三年前まで東京でOL勤めをしていたのですが、人間関係のもつれから精神的に病んでしまい退職、故郷に戻って実家で丸一年半療養生活……といえば聞こえはいいですが、要は引きこもった末にようやく気力も戻ってきたかんじがしたので、社会復帰することにしました。そこで選んだのが、電気メーター検針員の仕事です。

皆さんも見かけたり、接したことがありますよね？　マンションやアパートなどの集合住宅だと、各戸の電気メーターは一箇所に集まっていることが多いので、私たち検針員はそこでまとめて使用電力をチェックできてしまうため別ですが、一戸建てのお家だと庭や敷地内にメーターがあることが多く、その検針をするためには住民の方に一声かけて入っていかなければなりませんから、どうしても接触する機会が多くなるんです。

私は、電力会社から検針業務を委託された会社に所属してはいるものの、立場としてはあくまで『個人事業主』……スクーターで駆け回りながら、検針一軒につき幾ら（〇十円という世界です）という地道すぎる仕事に日々励むことになったわけですが、めんどくさい人間関係がほとんど存在しないため、大変ではあるけど、いたって気楽に働けるということで、けっこう気に入ってるんです。

でも、この間検針に伺ったお宅には参っちゃいました。あとにも先にも、仕事中にあんな目にあったのは一回こっきりです。

その日は夏のうだるような暑い日で、私は検針員の制服を着こみ、腰には電気使用量入力用の機器を装着し、汗みずくになりながら例によってスクーターで、その日割り振られた担当区域の各戸を一軒一軒回っていました。そして、初めて訪ねる築五十年は下らないであろう、木造の古びたお宅の番となりました。

玄関からざっと周囲を窺ったところ、目に見える範囲にメーターはありませんでした。仕方なく私は呼び鈴を鳴らし、家の人に検針での来訪を伝えたのです。するとと引き戸が開いて中から出てきたのは、年の頃は七十歳近くと思われるおじいさんでした。

「ああ、電気の検針員さんか。うちはメーターがわかりづらいとこにあるからなあ……さあ、こっちこっち、中に入って」

おじいさんはそう言いながら私を屋内へと招き入れ、私は仕方なく三和土《たたき》でシューズを脱いで中に上がりました。

「ほら、このお勝手口を出たすぐ、ドアの上にあるだろ？」

そのままついていくと、確かにそこに電気メーターがあり、なるほど、これじゃあ鬱蒼と木が生え茂った庭に遮られて外から見えないばかりか、簡単に行くことすらできません。

「ありがとうございます」私はそう言うと、メーターをチェックし機器に入力し、その数字が印字されプリントアウトされた紙をおじいさんに渡しました。

そして、家に入ってきた逆のルートを辿って玄関へ向かおうと、きびすを返そうとしました。と、そのとき、思いもかけないことが起こりました。

「検針員さ～ん、あんた、いいカラダしとるの～っ」

そう言いながら、おじいさんが背後から私に抱き着いてきたんです！

「ちょっ、ちょっと……や、やめてください！　何するんですか⁉」

「何って……あんたとオメコしたいんだよ～。オレもう、女房が死んでからこっち、丸三年もやってないんだよ～……なあ、頼む、やらせてくれよ～！」

なんだかすごい情けないような声で懇願しながら、おじいさんは汗みずくの制服の上から私の体をまさぐり回し、下半身をクイクイと押し付けてきました。その力は思いのほか強く、私は一生懸命もがくのですが、抜け出すことができませんでした。

「だ、だめですってば！　大声出して、人呼びますよ！」

私はそう言って抵抗しました。貞操の危機……というのもありますが、なんといってもこの仕事、一軒につきわずか○十円という儲けです。とにかく数をこなさなくてはお話にならず、ある程度のまとまった日収にするためには、このあと二百軒近くは回らなきゃいけないんです。こんなことしてる暇はありません。

するとそのとき、おじいさんが意外なことを言ってきました。

「なあ、頼むよ……やらしてくれたら、一万円払うから。前の検針の人から聞いたよ。あんたら、そんだけ稼ぐためには何百軒も回らんといかんのだろ？　だったら、オレの相手してくれたら、ほんのちょっとの時間でそんだけ出すからよお、な？」

すぐに私は頭の中で皮算用していました。

もしここで三十分くらいで一万円ゲットできたとして、そのあとまだけっこう回れるだろうから……がんばれば日収一万五千円はいけるかも……？　よしっ！

正直、エッチしたのなんてかれこれもう四年近く前……そのあと精神的にやられてそれどころじゃなくなっちゃったけど、私、けっこう嫌いなほうじゃなかったんです。

それもあって、一挙両得というかんじで、おじいさんの懇願を受け入れてあげるこ

とにしました。汗だくだから、先にシャワーを浴びてから……という私に対して、

「そんなのいいって！　その汗まみれなのがいいんだ！　ああ、たまらん！」

おじいさんは息も荒くそう言うと、畳敷きの居間に私を押し倒し、力任せに制服も、下着も脱がしてきました。ブラもパンティも恥ずかしいくらいにぐっしょりと汗だくに濡れていて、でも、おじいさんはそれすらも嬉しそうに舐め回し、噛みしだくようにチュウチュウと吸いながら言いました。

「ああっ、うめぇ……うめぇよ、むせ返るような女の汗……」

そしてそのまま私のオッパイにしゃぶりつき、一心不乱に舐め、吸い、むさぼってきました。

「あ、あああん……んんっ、くふぅ……」

四年ぶりに味わう愛撫の快感は想像以上によくて、私は全身をのけ反らせながら感じ、悶えてしまいました。するとそれに気をよくしたように、おじいさんは顔を下のほうに下げていき、今度は私のオマ○コを……！

「ひあっ！　……んあっ、くはぁっ、あん！　あう……い、いいっ！」

シャブシャブ、ジュルジュルと肉ひだを食まれ、肉蜜を啜り上げられて……私はより一層乱れ悶えてしまい、早くおじいさんのホンモノが欲しくてたまらなくなってし

まっていました。……でも、その歳で本当に役に立つの？

そんな私の心配は、まったくの杞憂でした。

そそり立ったおじいさんのイチモツは、それはもう見事なもので、ひょっとしたらこれまで私がエッチしたどの男よりも立派かも？　そう思わせる逸品で、実際に私の肉裂を割って入ってきたとき、それはいやでも確信に変わりました。

「ああっ……す、すごっ！　はぁっ、あっ……いい……ああん！」

「おおっ、ピチピチのオメコ……さ、最高だ～～～っ！」

高齢をまったく感じさせない、力感と勢い溢れる抽送でおじいさんは私を抱き貫き、揺さぶり犯し……ものの五分ほどで私はイキ果ててしまいました。

おじいさんも量こそは少なかったものの、しっかりと射精して満足してくれたようで、本当に嬉しそうに私に一万円を渡しました。

「ああ、本当によかったぁ……なあ、また頼むよ」

おじいさんにそう言われ、以来、心が揺らいでいる私なんです。

■彼の太くて硬い肉感が柔らかい肉ひだをめくり上げるように押し入ってきて……

四対四の淫乱クリスマスパーティーで昇天！

投稿者 山村操（仮名）／36歳／パート主婦

毎年、仲のいい主婦友四人で、それぞれの家庭とは別にクリスマスパーティーを催しているのですが、最近、なんか普通に飲み食いしてるだけじゃあ、家といっしょで面白味がないよねえという話になって……。

「じゃあ、今年は私にまかせて！　みんながビックリするようなクリパーにしてみせるから！」と、四十歳の真由美さんが、やる気満々で幹事を買って出てくれました。

ということで日時が決まり、今年は二十四日のイブが木曜なので、その二日前の二十二日の火曜、時間は皆が子供の世話や、その他パート、家庭の事情からちょうど解放される午後二時から五時までということに。場所は真由美さんが見つけてきた初めて利用するパーティールームなのですが、「ここ、何をやっても秘密厳守だから、みんな安心してハメはずしていいわよ！」とのことで、皆「?」となりながらも、せっかく真由美さんがお膳立てしてくれたので、黙って従うことになりました。

でも、中途半端な時間帯なだけに、たいして飲み食いはできないだろうし、いったいどんなパーティーになるんだろうね？　と、みんなは不安と興味半々といったようなかんじでした。

そしていよいよパーティー当日。

私はすぐご近所に住む美奈さん（三十三歳）と連れ立って向かい、会場である部屋に着くと、ドアの前にはすでに先に真由美さんともう一人の祥子さん（三十五歳）が来て待っていました。

「さあみんな、入って入って！　パーティーの準備は万端よ！」

真由美さんの声に促され、私たちはぞろぞろと部屋に入っていきました。中は照明が落としてあって薄暗く、かろうじて部屋の中の様子が窺える程度です。十二畳ほどの広さの中央のスペースがぽっかりと空けられ、それを取り囲むように壁際にいくつかのソファや椅子が置かれているようです。

「え、何これ……？　これがパーティー？」私の後ろで美奈さんが怪訝そうにつぶやき、私もその不安が伝染したかのように、ゾクッと身震いしました。

次の瞬間、照明がついて部屋の中がパッと明るくなりました。

そして同時に、とんでもない衝撃が私たちを襲いました。

なんと部屋の中には、四人の、しかも全裸の男たちが待ち構えていたんです！

さっきまではそれぞれが、部屋の四隅の深い暗がりに潜んでいたのでわからなかったのでしょう。四人ともがたくましいマッチョな肉体を誇り、その股間には皆が堂々としたシンボルをぶら下げていました。

「ちょ、ちょっと真由美さん！　これ、いったいどうゆう……!?」

翔子さんが上ずった声でそう言うと、真由美さんは平然とした口調で説明しました。

「え、だってみんな、当たり前のパーティーには飽きちゃったんでしょ？　じゃあ絶対に皆が体験したことがないようなすごいパーティーにしなきゃって、私、閃いたわけよ！　どう？　イケてる絶倫マッチョ男たちとのクリスマス乱交パーティー！　彼らもプロだから秘密は絶対厳守で、安心して楽しめるわよ」

最初は突然の驚きのあまり唖然としていた私たち他の三人でしたが、それを尻目に真由美さんが次の行動を開始しました。

中の一人の男に近寄ると、自ら服を脱ぎ裸になって、妖しげにからみついていったんです。相手のたくましい太腿に白くて華奢な太腿を巻きつけ、分厚い胸板に手を這わせながら熱い口づけを交わして……それだけで男の股間のシンボルが力強くみなぎり、ぐぐぐっと鎌首をもたげてくるのを見せつけられて……。すると次に、

「あ、ああ……わ、私も……最近全然うちの人が相手にしてくれなくて……」

と、美奈さんがせつなげな声を漏らしながら、ふらふらと別の男のほうに近づいていくと、自分の胸元をさらけ出しながら、そこに男の顔を押しつけさせました。美奈さんの豊かな胸の谷間に鼻づらを突っ込んだ男は、そこをこじ開けるように顔をぶるぶるっと振ってブラを弾き飛ばすと、そのままナマ乳にむさぼりつき、乳首と乳房を荒々しく舐め回し、しゃぶり倒していきました。

「ああっ、あん、いいっ……いいわあ……」と、恍惚とした表情でよがる美奈さんを見ているうちに、私もとうとう変な気分になってきてしまって。ふと祥子さんと目が合うと、彼女の目にもただれたような好色な炎が燃えているように見えました。

「はあ……なんだかたまらなくなってきちゃった……だって、どの彼もうちのダンナなんか比べものにならないくらいイケてるんだもの。ね、操さんは行かないの？　私は行くわよ……もうガマンできないっ！」

祥子さんはそう小さく叫ぶと、小走りであと一人の男のほうに向かい、その胸に飛び込んでいきました。そしてその勢いのままに相手を床に押し倒し、自分で服を脱ぎ捨てながら、彼の股間にむしゃぶりついていきました。

「あ、ああっ……おいひい、この極太チ○ポ、おいひいのほぉっ……！」

またたく間に勃起したシンボルを狂ったようにフェラする、あさましくもいやらしい彼女の姿を見ていると、今度は残る一人の男が向こうから私のほうに歩み寄ってきて、瞳をじっと見つめながら服を脱がしてきました。

「さあ、奥さんも他の皆さんみたいに楽しまないと損ですよ。ああ、なんてすばらしい美乳なんだ……とてもおいしそうだ」

甘い声でそう囁くと、ブラをはずされあらわになった乳首に唇を寄せてきて、そのまま乳房全体を柔らかく揉みしだきながら舐め吸ってきました。正直、最近夫とセックスレス気味だった私は、その愛撫にひとたまりもありませんでした。

「……あ、あん……はぁ、ぁあぁ、あふぅ……んんっ……」

思わず甘く喘いでしまい、膝ががくんと崩れ落ちると、そのまま彼に覆いかぶさられ、床に押し倒されていました。彼の口はそこから徐々に下半身のほうへと下がっていき、とうとう私の股間をとらえると、そのぬかるんだ肉ひだの中に舌を潜り込ませ、ヌチャヌチャ、ぬぷぬぷ、ジュルジュルと縦横無尽にうごめかせてきて……。

「はひぃっ！　あん、ああっ……はっ、はぁっ……！」

私は腰をビクン、ビクンと激しく跳ね上げながらヨガリ悶えてしまいました。あとからあとから淫らな愛液がほとばしりこぼれ、もう際限がありません。

「ああん、も……う……入れてっ！　オマ○コに太いチ○ポ入れて、ぐちゃぐちゃに掻き回してほしいのっ！　ねえっ、は、早くっ……！」

まさか自分がこんなあられもなく破廉恥なことを言うなんて……にわかには信じられませんでしたが、もうどうにも止められません。

「ああ、いいですよ。僕も奥さんのに入れたくてたまらない。ほら、他の皆さんもすっかりもう盛り上がってるみたいですよ」

そう言われ、うつろな目で周りを見回してみると、たしかに真由美さんも、美奈さんも、祥子さんも、今や皆、それぞれのお相手とつながり、ケダモノのように腰を振り立てながら盛っている最中でした。

「んああ、はあっ、あん、あん、あん～～～～～っ！」

「はひぃ……いい、いいの、あふ、あう……んくぅ～～～」

「はっ、はっ、はっ、はっ、はっ……んあぁぁっ！」

そして、とうとう私もそこに仲間入り……彼の太くて硬い肉感が柔らかい肉ひだをめくり上げるように押し入ってきて、奥へ奥へ、深く激しく貫き穿ってきました。

「あはぁっ……あっ、あん、あふ、んはっ……い、いいい～～～～！」

久しぶりのナマ肉棒の感触は、意識が飛んでしまいそうなほどの衝撃で……私は狂わんばかりに乱れ悶えて、何度も何度もイッてしまいました。

周りからも次々と淫らな断末魔の悲鳴が聞こえてきます。

「あひぃぃぃぃ……イ、イクゥ～～～～～ッ！」

「んはっ、あがッ……はひ、ひ、ひぃぃぃぃ～～～！」

「くうぅぅ……んっ、んぐ……～～～～～～～～！」

完全なメス犬となり果てた女たちの肉体が発する、むせ返るような淫臭があたり一面に立ち込め、床は何やら怪しげな体液まみれでドロドロに汚れまみれていました。

そしてさんざんイキまくった果てに、淫らなクリパーも終宴の時を迎え、私たちは心地よい疲労と倦怠感に包まれながら、それぞれの家路に着いたのでした。

あ、ちなみにこのパーティーの参加費は一人あたま二万円。

当初はちょっと高いんじゃない？　と思ったものの、結果はおつりがくるくらいの大満足！　来年もぜひお願いしたいところです。

■太くて固いおチン○ンが肉穴粘膜を掻き分け掻き分け、奥まで入ってきて……

娘婿のたくましいイチモツで貫かれ大満足した夜

投稿者　山岸日呂香（仮名）／38歳／専業主婦

私、若かりし頃はけっこうやんちゃしてたのよ。

十七歳でできちゃった婚……あ、最近ではおめでた婚っていうのよね。

とにかく、高校中退して産んだ娘の莉奈が今ではもう二十一歳。血筋というのかな、莉奈も早婚で既に一児の母。だんなさんの宏哉くんは三十一歳で莉奈とは十も年が離れてて……え、やだぁ、莉奈より私とのほうが歳が近いじゃん！　きっと話も私とのほうが合うはずよ。宏哉くんは中小企業にお勤めのサラリーマン。莉奈とは合コンで知り合って意気投合したそうで。

ちなみに私とだんなの馴れ初め（私、けっこう古風でしょ？　フフ）は、私がバイトしてた居酒屋の、だんなは常連さんだった。

実は何を隠そう私たち夫婦もちょうど十才違い。つまりだんなは現在四十八歳、もうおっちゃんよ。結婚後五～六年は、三日とあけず私の体を求めてきたものだけど、殊に四十歳過ぎたあたりから、だんなはまるっきり夜の生活で役立たず。どんなに私がおチン○ンのご機嫌とってあげても、途中で必ずフニャチンになってしまうの。もぉ～ほんっとにヤダ！　私はまだ三十八歳の女盛りなのよ？　ハッキリ言わせてもらって、ただいま欲求不満中！

そんなだから、ある日ね、だんなに、

「私が浮気したって、アンタ文句言えないんだからね」と言ってみたの。そしたら、「はいはい、どうぞご自由に。僕の夜勤の日にでも存分にやって下さいよ」って返してきたのよ、余裕の笑みなんか浮かべちゃってさぁ～！　私が絶対浮気しないと思ってんのよ？　いや、そうじゃないわね。私を相手にする男なんていないと、タカをくくっているのよね、くそ～っ！

あ、言い忘れてたけど、私、結婚後軽く二十五キロ太っちゃってね、かつては四十キロしかなかった体重が今じゃ六十……いや六十五キロ。身長は一五八センチだから、まぁちょっとデブめ？　だんな曰く「僕と同世代に見えるよ」……そう、どう見ても三十代にはもう見えないって。器量もたいしたことないし。最近シミも目立ってきたし……はぁぁぁぁ～……ほんとに「女」、終わってるわね、私……。

最近じゃ、莉奈がしょっちゅう孫の大輔（生後七ヶ月）を私に預けて友だちと飲みに行く。今じゃ私はただの「ばあや」と化してしまったわ……（泣）。

「ふぇふぇふぇ……」と、ふとんに寝かしつけたばかりの大輔がぐずり始めちゃった。

「いい子ね～大ちゃん～～、はい、おねんねよ～～」トントンとあやしながら、時計を見るとすでに午後八時。莉奈は今夜も午前様ね、きっと……そう思ったとき、ピンポーンと玄関チャイムが鳴って、出てみると宏哉くんだった。

「すいません～、お義母さん。莉奈のヤツ、しょっちゅう大輔預けて遊び呆けて……」「ううん、謝るのは私のほうよ。宏哉くんの面倒もみないで、ほんとにあの子ったら……ごめんなさいね」

　大輔を引き取りにきたのかな？　まぁでもとりあえず「ちょっと上がってお茶でも飲んでってちょうだい。もしかして晩ご飯まだよねぇ？　あり合わせで良かったら、ウチで食べていかない？　うん、是非そうしてちょうだいよ」と、私は言う。

「じゃあお言葉に甘えて……」「ええ、上がって上がって！」宏哉くんの腕を思わず掴んでしまった。でも本当はちょっと意識的～。若い男に久しぶりに触ったわぁ。つい嬉しくて私ったら、その腕に両腕を回し胸をぐいぐい押し当ててみたりして……と、そのとき、

「お、お義母さん！」ガバッといきなり宏哉くんが私を抱きしめてきた。

「え？え？え？え？」なになになになに？　と聞く間もなく、宏哉くんは私を抱きかかえたまま和室に入るなり、私を押し倒してキスをしたじゃないの！

「んんぐぅ〜〜〜〜」宏哉くんの唇のなんと柔らかいこと！　思わず私のクリちゃんが反応してしまったわ、だってこんな感触チョー久しぶりなんだもの。心のどこかでダメよダメよと思ってるくせに、体は真逆の反応をして、私は差し出された宏哉くんの舌に舌をからめてクチョクチョと嫌らしい音を立てる。宏哉くんはためらうことなく私のTシャツをたくしあげ、ブラジャーをまさぐり始めた。

「り……莉奈が帰ってくるわ……」

「大丈夫。友達五人とカラオケ、何時までOKかと電話で聞いてきたから、俺、朝までいいよ、大輔は俺がみるからって言ったんで。帰ってきませんよ」

それを聞き、ふとんの中でスヤスヤ眠っている大輔を確認しながら私は告げた。

「夫も……今夜は夜勤なの……」それはGOサインの合図ですね、とばかりに宏哉くんの手が一気にブラジャーの中に入ってくる。

「俺……お義母さんの巨乳……揉みたかったんです……ハァ……ハァ……」宏哉くんの大きな手のひらが私の乳房を鷲摑みした。「どう？　感触は……」年上女の余裕ぶって訊いてみる。「ああ、いいですぅ……柔らかくて……温かい肉まんみたいで……

しゃぶりつきたいですぅ……」「早くしゃぶりついてぇ……」夢中で宏哉くんは乳房に舌を這わせてきた。「んんん〜〜〜〜〜！」思わずのけ反っちゃう。宏哉くんは乳首を吸ったり揉んだり、レロレロ這わせたり。そのたんびにピクンピクンする私の反応をまるで楽しんでいるみたいだわ。

「私にも楽しませて……」今度は私が上になり、すでに勃起している宏哉くんのおチン○ンをトランクスの中からそっと出してあげて、パクンと咥えた。

「んぉぉぉぉぉ〜……」フフ……鼻の穴が膨らんだわね。もっと気持ちよくしてあげる。私は大サービスしたくなった。巨根をゆっくりしごきながら、舌でカリ首を集中的に舐めたり吸ったりする。袋もいじって甘嚙みを繰り返す。

「うぉぉぉぉぉ〜……」静かに宏哉くんが吠える。

それにしても若いわね、上反りの角度が見事だわ。私の唾液にまみれておチン○ンが黒光りしてるぅ〜〜。さぁもっと興奮してパンパンに膨れあがりなさい。ギンギンに固くなったら、私の沼に沈めてあげるからね……。

ああ、私の性器も、もうパックリ開いて、中からダラダラとお汁が流れ出ているわ。

「そろそろ入れ時ね」パンティーを脱いで宏哉くんの下半身にまたがり、摑んだおチン○ンをズブズブズブと私の穴に導いた。

「ウォ〜〜〜〜ッ……」「あああ〜〜〜イイ〜〜〜〜」太くて固いおチン○ンが肉穴粘膜を掻き分け掻き分け、奥まで入ってくる。簡単に子宮口に到達した。ゆ〜っくり腰を前後に振りながら、肉ひだを締めつけてやると再び宏哉くんは雄たけびをあげた。

「ふぁぁぁぁ〜〜〜、いいですぅ〜〜〜、お義母さん〜〜〜〜ハァ……ハァ……」

「そんなにいいの？　ハァ……ハァ……」

「イイですぅ……もっと締めて……締めて……」

「いいわよ。もっともっとキツくね」

暴れる異物を小刻みに締めつけてやると、宏哉くんの腹は何度もひくついた。

「オッパイ……揉んでちょうだい」宏哉くんは私のその言葉に従い、乳房を揉みくちゃにしてきて、「あああ……ハァ……ハァ……」私も声が洩れちゃう。

アソコを密着させたまんま、騎乗位から正常位へと体位を変えるや否や、宏哉くんのピストン運動が、さぁ始まったわよ！

パンパンパンパンー！！！！

「あああ〜〜〜〜！　イイ〜〜〜〜！」私の恥汁がビュンビュン飛び散る。

「俺も〜〜〜気持ちいい〜〜あぅぅぅ〜〜〜〜〜！」

パンパンパンパンパンパンパンー！！

「ああ……い……イキそう……」

「私も……私も……イク～～～～～～！

「俺も～イ、イキまーす！　むあぁぁぁぁぁ～～～～～っ！」

パンパンパンパンパンパンパンパンパンーーーー！

見事なまでの白濁液を打ち上げて宏哉くんは果て、私のお汁もきれいさっぱり、ぜ～んぶ出切っちゃった。

ハァハァハァハァ……。

私たちは息を整えてから静かに体を離す。

宏哉くんの股間のモジャモジャの剛毛から、少し柔らかくなったグロテスクな肉の塊がダラリと垂れ下がる。久しぶりのセックス、しかもこんな立派なおチン〇ンを挿入してもらえたなんて、大満足！

「お義母さんの体、最高です」

「宏哉くんのココも最高よ」

私は素晴らしい娘婿に恵まれました。ああ、もちろんこの関係はこの先もず～っと続けていく予定よ。ふふふ。

■弟はそそり立ったペニスを振りかざし、私の秘部の濡れた肉割れに押し当てて……

野獣に豹変した弟に犯され感じてしまった禁忌の夜

投稿者 神崎沙羅（仮名）／24歳／フリーター

私、取り返しのつかないことをしちゃいました。

弟と、やっちゃったんです。

その日は、両親が親戚の葬儀に出るために出かけていて、一晩、家には私と弟の二人だけという状況でした。

夜九時頃、居酒屋の仕事も休みだったもので、私はリビングでお笑い番組を見ながら、一人で缶ビールを飲んでいたのですが、そこに大学生の弟がバイトを終えて帰ってきました。

「おかえりー、今日は遅かったんだね」

「ああ、いろいろあってさ。おっ、姉貴、飲んでるの？　いいなー、俺も一緒に飲んでいい？」

「うん？　いいけど。あたしと飲もうなんて珍しいね」

「まあいいじゃん、たまには」

私と弟は、仲が悪いというわけではありませんでしたが、お互いに微妙なお年頃ということもあって、最近ではあまり話したり、一緒にいたりということはありませんでした。なんかぎこちないかんじになっちゃうんですよね。姉と弟って。

弟は冷蔵庫を開けて自分の缶ビールを持ってくると、ソファの私の隣りにどっかりと腰を下ろして、缶のプルトップをプシュッと引き開けました。

「はい、かんぱーい」

「はいはい、かんぱい」

お互いの缶をカシンとぶつけて、各々ビールを口に運びました。

そして、しばらく二人でテレビに映るお笑い芸人を見ながら、くだらないツッコミを入れつつ話したりしていたのですが、そのうちなんだか弟の様子がおかしくなってきました。どんどん無口になり、黙ってビールを飲むだけになってしまったんです。

「疲れてんの？　もう寝たら？」

時刻は十一時近くになっていて、私はそう声をかけました。

と、そのときのことでした。

「あ、姉貴ぃっ！」

弟はそう叫ぶと、いきなり私に襲いかかってきたんです！　ソファの上に私を押し倒し、覆いかぶさり、私は思わずまだ中身の入ったビール缶を床のカーペットの上にとり落としてしまいました。

「ちょ、ちょっと！　あんた何やってんの！　冗談はやめてよっ！」

必死でそう叫んで抵抗しようとしたのですが、弟は聞く耳持たずで抱きしめ、私の体をまさぐり回してきました。完全にリラックスモードでいた私はノーブラの上に長袖Tシャツ一枚をかぶっただけ、下もパンティの上にキュロットパンツを穿いただけという、油断丸出しの格好でした。バイト休みの自宅飲みなんて、誰だってそんなもんですよね？

「く、くそっ！　女なんて、女なんて……どいつもこいつも淫売だっ！」

そんなことを叫びながら、弟のネガティブ感溢れるテンションは上がる一方で、ものすごい力で私を押さえつけ、馬乗りになって長袖Tシャツをベロンと胸上までまくり上げ、私のオッパイを剥き出しにしてきました。

「きゃあっ！　や、やめてったら！　あんた、気でもちがったの!?」

「うるさいっ！　姉貴だって淫売のくせに！　こうされて悦んでるくせに！」

「はあっ!?　あんた、いい加減にしないと、本気で怒るよっ！」

さすがの私も真剣に身の危険を感じ、その顔に爪を立てて押しやろうとしたのですが、弟はものともしません。顔をガバッと私の胸元に押しつけてくると、狂ったように振り乱しながら、チュバチュバと吸いたて、舐めむさぼってきたんです。さらに、大学でボルダリング・サークルに所属している弟の上半身はがっしりとたくましく、その手指はひときわ力強くて……それで私の柔らかい乳房を摑み、揉みしだいてくるものだから、その激痛はハンパなく、

「あひぃっ、い、痛いっ！　んあっ！　や、やめてぇっ……痛ぅぅっ！」

私は叫び訴えましたが、弟は力を緩めてはくれませんでした。いやむしろ、さらに強力になったような……でも、そのうちだんだんと、私の中に信じられない変化が生じてきました。荒々しく揉みしだかれ赤く腫れ、激痛に喘ぐ乳房の表面……そこに弟の舌がヌルリと触れ、ニュルリとからみつきながらのたうつと、その痛みとぬめりのえも言われぬコンビネーションが、絶妙の快感をもたらしてきたんです。

「あう……くっ、くう……ひ、ひぃ……んああっ……」

私の口から洩れこぼれる声から痛みに喘ぐ響きが消え、いやらしく甘ったるいそれに変わっていくのが、自分でもわかりました。

「ああ、やっぱり……こんなひどいことされてキモチよがりやがって！　くそっ……

女なんてほんと、どいつもこいつもっ……！」

そう言うと、ますます激情した弟は私のお腹の上に馬乗りになったまま、カチャカチャとジーンズのベルトを外し、ズルリと下半身を剝き出しにして、彼が小三の頃以来見ていなかったペニスを私の眼前に突きつけてきました。

怖いくらいに勃起したそれは、完全なオトナの雄々しさと力強さにみなぎった立派過ぎる存在感で、当たり前ですが小三の頃のイメージはこれっぽっちもありませんでした。おまけにその先端からは、タラタラと先走り液を滴らせています。

「あ、ああ……そんな、やめてよぉ……あたしら、姉弟だよ？　だめ……」

私は辛うじてそう言い、弟の蛮行を思いとどまらせようとしましたが、弟は私のキュロットパンツの中に手を突っ込んで、その内部のはしたないほどにぬかるんだ秘部の様子を確認して言いました。

「うるさいっ！　マ〇コ、こんなグチャグチャに濡らして何寝ぼけたこと言ってんだよ？　ほらっ、チ〇ポ欲しいんだろ？　今突っ込んでやるよ！」

そしてお互いの下半身を完全に剝き身にして、そそり立ったペニスを振りかざし、私の秘部の濡れた肉割れに押し当ててくると、ついに……！

「……っあぁっ！　はふ、はぁ……ああっ、あああぁっ……！」

「くそっ……はぁはぁはぁ……お、女なんて、女なんてっ……！」

弟は深々と私を貫くと、そんな恨み言めいたことをがなりたてながら、何度も何度も激しいピストンを繰り出してきました。

正直いうとそのセックスは、今私がつきあってる彼氏とのものより、数倍も感じるものでした。ああ、姉と弟でだなんて……こんなことしちゃだめだ、早くやめさせなきゃ……そう思うのだけど、私は完全に快感に呑み込まれてしまい、それを実行することができませんでした。

そしてとうとう、弟は私の中にすべてを解き放ってしまったんです。

もちろん、私を何度も何度も絶頂の果てに吹き飛ばしながら……。

結局、弟はそんなことをした理由をきちんとは私に話してはくれませんでしたが、どうやらつきあっていた彼女の浮気が判明し、裏切られたことからくる女性不信の怒りの矛先が、一番身近な私に向かって炸裂してしまったようでした。

とにかく、弟に中出しされてしまったことはまちがいなく、今はただひたすら、妊娠していないことを祈るばかりの私なんです。

■美奈代は無理やり北川くんを引っこ抜くと、そのモノを自分のアソコに招き入れて……

彼氏を寝取られた復讐のはずが、とんだ乱交の宴に？

投稿者 逢坂ゆかり（仮名）／27歳／OL

絶対にあの女だけは許せない！　復讐してやる！

大好きだった彼氏の智久を寝取られてから、私はそう心に誓った。

美奈代、今日こそ目にモノ見せてやるから、覚悟するがいいわ。

別の課にいたヤツを、私は顔だけは知っていたけど、自分から仲良くなろうとは絶対に思わなかった。それは、新卒バリバリで入ってきたピチピチの新入社員な上に、アイドル並みに可愛い容姿&メリハリのあるナイスバディを持つ彼女は、めちゃくちゃ目立つ存在で、社内の男たちからの注目を一身に集めていて……要は私の一方的なひがみなんだけど、変に仲良くなって彼女の引き立て役みたいなことになりたくなかったから。

でもある日、社内集会で偶然、席が隣り合わせたとき、ヤツは超フレンドリーに話しかけてきて、「わあ、今日はこうやってお近づきになれてうれしいですぅ！　ずっと逢坂さんのこと、ステキな女性だなあって憧れてて……これから仲良くしてもらえませんか？　いろいろ教えてください！」って目をキラキラさせながら言われた日には、私もいい気になってまんまと心を許しちゃって……まさかそれがみんな、私から智久を奪うための作戦だったとは思いもせず。

気がついたときにはもう後の祭りだった。

それとなく私から智久に関する情報をあれこれと引き出したヤツは、それを巧みに活用して密かに彼に忍び寄り、その色香でまんまと篭絡してしまい……すっかり骨抜きにされた智久は、ある日突然、私に別れを告げてきたのだ。

あんなに好き合った仲なのに。

あんなに激しく淫らに愛し合った仲なのに。

結婚だってけっこう真剣に考えてたのに。

なのに、なのに、なのに……………！

女としてのプライドをずたずたに引き裂かれ、あまりにも大きな喪失感にうちひしがれた私は、ヤツも同じ目に遭わせてやるべく、復讐の計画を立て始めたのだ。

そして、同期でつきあいも長く、気心の知れた仲のいい男性社員二人（風間くんと北川くん）に相談を持ちかけ段取りを考え、いろんなお膳立てを整えたうえで、とうとう今日がその決行の日。

仕事終わり、風間くんと北川くん（この二人も社内の女子人気の高い、けっこうなイケメン）が言葉巧みにヤツ、美奈代を食事に誘いだし、お酒を飲ませていいかんじに酩酊させたあと、まんまとホテルに連れ込むことに成功した。そしてそこに、私も合流する。三人がかりで、酔って前後不覚のヤツの服を脱がせ、一糸まとわぬ恥ずかしい全裸姿にすると、軽く手足の自由を奪ってその目覚めを待つ。こういうのは意識がないのにやっても面白くない。はっきりとした意識の中、羞恥に喘がせ、恐怖におののかせながらはずかしめてやってこそ、復讐の醍醐味っていうものじゃない？

「う、う～ん……」ほら、やっと目覚めた。ああ、ワクワクするわ。

「えっ？　あ、あれっ？　なになに、何なのこれ？　なんで私ハダカ……？」

私はにんまりと笑い、驚き動揺するヤツに向かって、能書きをたれてやるべく、頭の中で言うことを整理し、テンションを上げていく。

『これから彼らがあんたのことたっぷり犯しまくって、その世にも恥ずかしい痴態を私がしっかりと画像に撮ってあげるから、覚悟しなさいね。この先、私に逆らったり、私の不利益になるようなことしたら、ネットで世界中にばらまいてやるんだから。わかってるわよね、ん？』って。

さあ、この復讐劇で、最大の私の見せ場よ！

ところが、満を持して口を開きかけた、そのときだった。

「はい、逢坂さん、いい気になるのもそこまでよ。……さあ、風間さん、北川さん、やっちゃって！」

ヤツがそう言ったかと思うと、名を呼ばれた二人がいきなりこちらに向き直り、逆に私に襲いかかると、またたく間に服を剝ぎ取られてしまったのだ！

「えっ、えっ……ちょ、ちょっとこれどういうこと⁉　やめてよ二人とも！」

私は精いっぱい非難の声をあげたが、彼らは一切耳を貸すことなく、今度は全裸になった私を縛り、手足の自由を奪ってきたのだ。そして、次に彼らに縛めを解いてもらいながら、ヤツがにくらしい笑みを浮かべながら言った。

「あんたのたくらみなんか、ぜ～んぶお見通しよ、逢坂さん。事前の風間さんと北川さんの言動を怪しいと思って問い詰めたら、すべて白状してくれて……もちろん、二人には気持ちいいご奉仕をたっぷりとしてあげて、今や完全に私側に寝返ってくれたっていうわけ。残念だったわね」

そ、そんな……！　私の頭の中は真っ白になってしまった。

「さて、それじゃあ……私がやられるはずだった仕打ちを、逢坂さん、あんたに味わってもらいましょうか！　さあ二人とも、始めちゃって！」

美奈代の号令一下、風間くんと北川くんが服を脱ぎ、全裸で私に躍りかかってきた。

もちろん、二人のそんな姿を見るのは初めてだったが、そろって股間のモノを雄々しく大きく振り立て、それはまるで二匹の凶暴な毒蛇のようだった。

「ほら、同期二人のを、たっぷりとしゃぶってあげなさいよ！　聞いたら、二人ともずっと、あんたとこういうことするのが夢だったみたいよ？」

え、そ、そうだったの……？

一瞬、恥ずかしそうな、ちょっとバツの悪い表情を浮かべた二人だったが、すぐに開き直ったかのように、ベッドの上にひざまずいた格好の私の両脇に立ちはだかり、左右から口元に硬い肉棒を押しつけてきた。グイグイくるその淫らな圧力に負けるような形で私は口を開き、二本同時に受け入れてしまう。

「……んがっ、は、ごふっ……ぐふ、んぶ……はあっ……」

口内を二匹の毒蛇に荒々しく凌辱され、私は溢れる唾液をダラダラとこぼれしたたらせながら、首を左右に振り振り、交互にしゃぶるしかなかった。

「う～ん、逢坂さん、いい顔してるわ～、と～ってもエロいわよ～っ！　二本同時フェラなんて、マジAV女優も顔負けね！　すごい、すごい！」

そう言いながら、ヤツは私が無様に虐げられる姿をスマホの画像に収めている。

「ほらほら、もっとインランに乱れて！　さあ、その手足の縛りを解いてあげてちょうだい。そのほうが自由にとことん楽しめるでしょ？」

ヤツの指示に従って、風間くんと北川くんは私の手足を自由にすると、両手をつかせた四つん這いの格好にして、風間くんが前の私の顔のほうに、北川くんがお尻のほうに陣取る形となった。

「さあ、これぞ絶好のシャッターチャンスね！　ほらほら、二人ともその自慢のモノで大好きな逢坂さんのこと、前後から串刺しにしてあげちゃってぇ！」

「ああ、逢坂さん……そういうことだから……ごめん、いくよ！」

「はぁはぁ……逢坂さんの中に入れられるなんて、夢のようだっ！」

言うなり、風間くんのモノが私の唇を割って舌を押さえつけながら喉奥まで貫き入れられ、気道を塞ぎつつズルズルと出し入れされる。

北川くんのひと際硬くて大きなモノが、そのごつい手指で掴まれ思いっきり左右に押し広げられた尻肉の中心……パックリと開いた私のヴァギナにツプと突き入れられ、ヌチヌチ、ズブズブ……と肉奥へと侵入してきて。

「……んはっ！　ごふっ……んぐあっ、かはっ……はぐ、はあ、あふっ……！」

息苦しい苦悶に喘ぎつつも、下半身から突き上げてくる甘美な快感の衝撃に、私はあられもなく黄色く裏返った悦声を発してしまう。

「ああ、ほんとすごいわ、逢坂さん！　まるでカラダ全体がひとつの性器みたい。全身をくねらせて感じて、悶えて……あん、なんか私まで変になってきちゃった！」

信じられないことに、そう言って美奈代がスマホを放り出して、私たち三人の中に乱入してきた。そして無理やり北川くんを引っこ抜くと、そのモノを自分のアソコに招き入れ、自ら腰を振って狂ったように喘ぎ始めた。代わりに今度は風間くんが私の上にのしかかって、正常位で腰をぶつけ、貫いてくる。

「んんあっ、はぁっ……ああっ！」

「ひああっ、いい……あうぅぅ……んああ～～～～っ！」

いつの間にか、復讐がどうしたとかどこかへ吹っ飛び、私たち四人はくんずほぐれつ、淫らにもつれからまり合う、一塊の物体になっていた。

私と美奈代と、そして風間くんと北川くんと……いったいこれからどうなっちゃうんだろう？　ま、気持ちいいから、いいか？

第三章　禁断の興奮に溺れて

■彼は赤黒くあらわになった女芯めがけて、鉄杭のような肉棒を打ち込んできて……

社員食堂を淫らに震わす年下食いNTRセックスの絶叫

投稿者 村尾梨亜（仮名）／30歳／パート主婦

結婚五年目の人妻です。とある企業の社員食堂でパート勤めをしています。

実は夫（三十五歳）も同じ職場にいて、向こうは食堂を委託されている会社の正社員で、料理長として全体を仕切っている立場です。

つまり、家でも職場でもほとんどいつも夫婦が顔を合わせている形で、それもあるのでしょうか……なんか最近、夫婦関係に鮮度が感じられなくて、夫と接していてもドキドキしないっていうか……まあ要は、世間によくある倦怠期が、さらにひどいかんじとでもいうか、エッチにも全然刺激がないんです。だから必然的にどんどんセックスレスな状態が続いちゃって、気がつくと丸一ヶ月ないなんてことも。

そんな状況を憂えて、仲のいいパート仲間のミドリさんにちょっと話してみたんですね。夫婦間のドキドキが戻る何かいい方法はないかって。そしたら、

「それならズバリ、ネトラレプレイね！」

と、即答が。「えっ、ネトラレ？　何それ？」私が訊くと、

「つまり、夫婦間のマンネリとか倦怠期って、まず根本的に夫や妻がもう完全に自分のモノだっていう安心感からきてると思うのよ。だから、いつでもできるっていう余裕が、そのうち別に今しなくてもいいかっていう怠惰感につながって……」

「ふむふむ」

「だから、その怠惰感を吹き飛ばすためには、相手が自分のものじゃなくなっちゃうかもしれないっていう、危機感を煽るのが効果的だと思うわけよ」

「なるほど」

　確かにミドリさんのその説明にはうなずけるものがありました。自分以外の誰かが夫や妻に接近するってことは、同時に、他人がそれを欲しいと思うほどの魅力があるってことを改めて見直すことにもなります。

　すっかり納得した私は、いろいろと考えてみた結果、ある作戦を実行することにしたんです。私は職場のシフト表とにらめっこして、その作戦を実行するXデーを決めました。

　私たちが委託されて入っている会社は週に一回、木曜日だけが『残業デー』に設定されていて、働き方改革が叫ばれ、どんどん残業時間を減らさざるを得ないこのご時

世、そこだけは思う存分残業していい（？）ことになっています。それに合わせてこの日だけは食堂も昼だけでなく夜も営業することになっているのですが、私が設定したXデーは、翌々週のその木曜日でした。その日、最後まで残って夜の営業を締め、後始末をするメンバーは、夫と私、そしてアルバイトの雅人くん（二十三歳）の三人でした。

午後八時半、夜の営業を終え、企業の社員客が一人もいなくなった食堂で、夫は食券の自販機の売り上げを確認するために、奥の事務室にこもりました。だいたい三十分くらいは出てこないでしょう。その機に乗じて、私はキッチンシンクを洗っている雅人くんのほうに近づいていきました。そして、彼の背後からぴったりと密着し、私の自慢のGカップの肉房がぐにゃりと彼の背中でつぶれ、のたくる格好になりました。もちろん、あらかじめ白衣の下はノーブラなので、その感触はかなり生々しいものがあるはずです。

「えっ……ええっ⁉」

雅人くんはそう叫んで振り向くと、目をまん丸にして私の顔を凝視しました。

「な、何やってるんすか、村尾さん⁉」

「ふふ、何って……雅人くんがいつも私に対して望んでることをやってあげたまでよ。

ね、私のオッパイの感触、感じてみたかったんでしょ？」

　私が艶然と微笑みながら言うと、彼はしどろもどろになって、

「そ、そ、そ……そんなこと思ってません！　何バカなこと……っ⁉」

と否定しましたが、私は常日頃、彼の自分に対する欲望に満ちた視線をありありと感じていたので、自信を持って平然と言い返しました。

「隠したってムダよ。あなた、いつも周りの目を気にしながらも、私のカラダを食い入るように視姦してるじゃない！　そんなのお見通しなのよ！」

　顔面を紅潮させ、だらだらと脂汗を流して黙ってしまった雅人くんに、私はやさしい口調で言いました。

「いや、だからね、今日は何もそのことを糾弾しようってんじゃなくて、私もあなたの想いに応えてあげたいって思っただけで……どう？　いや？」

「えっ……い、いやだなんて、そんな……ほんとにいいんですか？」

「もちろんよ。ほら、直に触ってみる？」

　私は白衣を脱いで、彼の眼前にノーブラのオッパイをさらしました。自分で両乳房を支え持って、くねくねと揺らして見せます。

「う、あ、ああ……」

ごくり、と生唾を呑む音が聞こえたかと思うと、次の瞬間、雅人くんが身を躍らせて私の体に摑みかかってきました。

「む、村尾さんっ！　だ、大好きですっ！」

私は勢いよく彼にキッチンシンクに背を押しつけられ、その口が激しく乳房をむさぼり、吸いしゃぶるに任せました。

「はっ、はっ、はっ……む、村尾さぁんっ……！」

「あ、ああん、はぁっ……雅人くぅん！」

ああ、若さに任せた欲望って、やっぱりいいわあ！　熱いエナジーがギンギンに伝わってきて…う〜ん、感じちゃう……って、おっと、今日の本題はこっちじゃなかった。さて、そろそろ……。

雅人くんの荒ぶる愛戯に悶えつつ、奥の事務室のほうをちらっと窺うと、ドアが開いて夫が出てくるのが見えました。よしよし、ドンピシャね。

雅人くんは事務室のほうに背を向けているので夫の姿は見えません。まさか今抱いている女のダンナが後ろで見ているとも知らず、昂ぶる一方のテンションで私をむさぼり回し、コックズボン越しに硬くて熱いみなぎりを私の下半身に、これでもかとこすりつけてきます。

「！　……………っっ！」

夫は私と雅人くんの痴態を目の当たりにし、声にならない叫びをあげつつ、目ん玉を飛び出さんばかりにしています。

でも、決して怒り狂って摑みかかってくるような真似はしませんでした。ただじっと、私たちを一心に見つめ、息を荒げているようで……そう、明らかに興奮し、欲情しているようでした。まさに狙いどおりです。

私はさらに夫の興奮を煽るべく、雅人くんのズボンをずり下ろし、いきり立った肉棒をあらわにさせると、ひざまずいてそれを咥え、激しい音をたてながらしゃぶりまくりました。じゅぶ、ぬぶ、ぐぷぷ、ちゅぱちゅぱ……。

「あ、ああっ、村尾さんっ……そんなにされたら……お、おれ、もうたまんない！」

雅人くんは私を立たせて後ろを向かせ、キッチンシンクに両手をつかせると、スカートとストッキング、そしてパンティを引きずり下ろして、パックリと赤黒くあらわになった女芯めがけて、鉄杭のような肉棒を打ち込んできました。何度も何度も、激しく貫き、全身を大きく揺さぶって。

「あっ、ああん、すご……すごいわ、雅人くん……っ！」

私はそうあられもなく喘ぎながら、身をよじって夫の様子を窺いました。さっきよりもますます前のめりになって、私たちのほうに見入っています。

そしてその後、雅人くんはびっくりするくらい大量の精液を私の中に解き放ち、私もそれを受けて、久しぶりにセックスの快感を堪能し、気絶せんばかりのオーガズムの奔流に呑み込まれていました。

さあ、肝心なのはその週末の私と夫のセックスです。

夫は、例の現場を目撃したことなどおくびにも出さず、「今日は久々におまえのこと、抱きたくなった」と言って、ベッドに誘ってきたのですが、それはもう、新婚時代もここまで激しいのはなかったのでは？　というほど野獣のように荒々しく私の肉体を犯し、蹂躙し、責め立てまくって……いやもう、私ったら、なんと五回も達してしまいました。もちろん夫も、おそらく初めてじゃないでしょうか、続けざまに三発も濃ゆくて熱いのを射ち放ってきたんです。

ものの見事にネトラレプレイ作戦は大成功！　その後も夫婦仲は順調で、マジ、助言してくれたミドリさんには感謝の言葉もありません。

■Sさんは悦楽の淫音を高らかに響かせながら、私の肉芯を激しく責めなぶって……

担当編集者とライバル作家と私のまさかの3P悦楽！

投稿者 木内美穂子（仮名）／27歳／小説家

かつて、十代の女の子たちにとても人気のあるロマンス小説雑誌で、十八歳で新人賞を受賞しデビュー、その後『気鋭のオモカワ作家』として華々しく活躍した私も、今年で二十七になってしまいました。『オモカワ』とは、「面白くて可愛い」の略で、アイドル並みのルックスで可愛いうえに、書くロマンス小説作品もとても面白くて人気があったことでつけられた異名なのですが、今やそれなりに見た目はキープして、かろうじて『美人作家』呼ばわりはしてもらえるものの、書く十代向けロマンス小説作品の人気のほうはさっぱり……その後、主婦読者を中心に人気の出てきた、オトナ向けのロマンス小説ジャンルのほうで、まあなんとかギリギリ食べていけるだけのお仕事をもらえてるような有様です。

オトナ向けのロマンス小説とは、まあぶっちゃけほとんど官能エロ小説ですね。主婦読者の皆さんが、夫以外のステキでセックスのうまい男性との恋愛関係にずっぽり没入できて、かつその濃厚な官能描写によってオナニーのオカズにできるような……ものが理想とされている世界なわけです。

でも最近私、実はだんだんそのジャンルでも立場が怪しくなってきちゃって……。

ほら、十八でデビューしてからこっち、仕事仕事で日々追われて、ほとんど恋愛らしい恋愛をしてこなかったものだから、世間の女性たちに比べて圧倒的に「セックス経験」が少なく、読者を満足させられるリアリティと臨場感が描けてないって、前から担当編集者のSさんに言われ続けてたんですけど……。

最近、時代の流れか、セックスの実経験も豊富かつ、筆力のある若いライバル作家がどんどん出てきてるということもあって、

「あ〜あ、木内センセもそろそろ世代交代かな〜〜?」

なんて、とうとうそんなイヤミを言われる始末で、ほんとお先真っ暗……ため息が出るような日々を送っていたんです。

そんなある日のことでした。突然、打ち合わせだといってSさんに呼び出されたのは。しかも、場所は都内にある某ラブホテルでした。

そんなことは初めてだったので私はかなり躊躇しましたが、Sさんから「きみの作家としての進退がかかった大事な打ち合わせだ」と言われた日には、行かないわけに

はいきませんでした。

指定された時間にそこへ行くと、すぐさま決められた部屋に案内されました。そしてドアを開けて足を踏み入れ、私は驚きました。そこにはSさんの他にもう一人、見知らぬ女性がいたのです。

「こちら、『○○××の恋愛事情』で今人気爆発中のヤヨイ先生」

Sさんにそう紹介されたのは、細身の私と違って豊満なボディが迫力満点の、もちろん現在人気ナンバーワンの新進作家ということで私も名前を知っている相手でした。

私とヤヨイさん同士の挨拶もそこそこに、Sさんがこう切り出しました。

「さて、木内センセ。電話でも話したとおり、今日はあなたの作家生命にかかわる大事な打ち合わせということで……今から僕とヤヨイ先生のセックスを見てもらいます」

「はあ⁉」

場所がラブホテルということで、イヤでも尋常ではない予感はしていましたが、やはり実際に口に出されたその言葉は衝撃的で……私は思わず声がひっくり返ってしまいました。そして絶句してしまっている私にかまわずSさんは続けて言いました。

「うん、実はね、僕とヤヨイ先生って、もう前からこういう関係なの。もちろんどっちとも恋愛感情なんてなくて、ビジネス・セフレとでもいうか……編集者と作家で肉体関係を持つことで、より説得力のある快感描写やリアリティを双方で共有して、少しでも読者を喜ばせるためにフィードバックさせるっていう……わかるかな?」

いやまあ、わからなくはないけど……っていうか、それならSさん、直接私とセックスしてくれればいいじゃないですか！　と、実は密かに彼に想いを寄せていた私は心の中で叫びました。でも、奥さんも子供もいるから、ぐっとその想いを胸に呑み込んできたというのに……。

と、そんな私の内心のぐちゃぐちゃなどおかまいなく、Sさんとヤヨイさんはさっさと服を脱ぐとベッドに上がり、なんのためらいもなくからみ合い始めました。

「いいかい、木内センセ?　しっかりとその目で見て、セックスのリアリティと快感の本当の高ぶりをその胸に刻み込むんだよ?　あなたの今後の作家生命が少しでも延びるように、僕もヤヨイ先生も本気でヤるから！　わかった?」

「木内センセ、あたし、がんばります！」

二人はそう言いながら舌をからませて濃厚なキスを始め、少し顔を離したときにはお互いの唇の間をツーッと糸が引き、それが妖しげにキラキラと光りました。

そして、Sさんが乳房を揉みしだきながら乳首をこね回し、舐め、チュウチュウと吸いたてると、だんだんヤヨイさんの目がトロンとうるんできて、その口から「あう、うん……ふぅっ……」と、せつない喘ぎ声がこぼれだしました。

そうしながら、同時にSさんのペニスがムクムクと膨れ、立ち上がってくるのがわかり、私もなんだかたまらない気分になってきてしまいました。そう、いつの間にか最初にあった驚愕と抵抗感は影を潜め、目の前で繰り広げられている痴態に対する性的興奮と、Sさんに抱かれるヤヨイさんに対する嫉妬……ああ、私もあんなふうにされたいという羨望の念に満たされてきてしまったのです。

ヤヨイさんのオッパイに対するたっぷりした愛撫タイムが終わったあと、今度はSさんが仰向けに寝そべり、その上にヤヨイさんが上下逆向きに覆いかぶさってのシックスナイン・プレイが始まりました。下からSさんにアソコを舐め上げ吸われて、ダラダラと愛液を垂れ流して悶えながらも、ヤヨイさんはSさんの硬く勃起したペニスの根元をしっかりと摑み、頭を振り長い髪を振り乱してフェラチオします。

じゅるじゅる、ちゅぱちゅぱ、ぴちゃぴちゃ……耳をふさぎたくなるほどの淫猥な音が部屋中に響き渡り、Sさんのペニスは亀頭をパンパンに張り詰めさせ、肉竿の表面には太い血管を浮き上がらせながら、ビクビクとその身を震わせています。

ああん、Sさんのペニス、私も舐めたい……ほら、あんなに先っちょからガマン汁を滴らせて……はぁ……どんな味がするんだろう？

今やもう私の頭の中はよからぬ煩悩まみれ、肉体のほうもすっかり反応し火照ってしまって、着ていた衣服をかなぐり捨てると、無意識に自慰行為を始めてしまっていました。右手で乳首をいじくり回し、左手でアソコを抜き差しして……自分のそこがたてるジュブ、ヌチュ、クチュという淫音が、いやでも耳に響いてきます。

そんな私の恥ずかしい痴態を横目に、Sさんはニヤリと笑うとガバッと身を起こし、ヤヨイさんを四つん這いにさせて背後からがっしりとその豊かな尻肉を摑みました。そしてズズズ、と勃起ペニスを彼女の肉裂にめり込ませていって……。

「あっ……はっ、くはぁ……あん、あん、ああ……い、いいっ……！」

パンパンと激しい音をたてながら突きまくるSさんに対して、ヤヨイさんはケダモノのように野卑な絶叫で応えて……。

はっきり言って、私、もうガマンの限界でした。

ベッドの上に駆け上がると、ヤヨイさんの背中にまたがる格好で、バックでピストンを繰り出しているSさんに正面から向き合い、その眼前に自分の股間を突きつけて言いました。

「ああん、Sさん！　私、もうたまんないの！　ねえ、舐めて！　吸って！　私のオマ○コもいっぱい可愛がってぇっ！」

Sさんは躊躇なくそこに顔をうずめると、ジュブジュブ、ズルズルと悦楽の淫音を高らかに響かせながら、私の肉芯を責めなぶってくれました。

「あひっ、ああ、はあっ……ああん、オマ○コ、いいわぁっ！」

「あっく、んく、うう……イ、イク……あああ～～～～っ！」

次の瞬間、ヤヨイさんがオーガズムに達し、四つん這いの体勢からベッドの上に崩れ落ちました。私はその機を逃さず、無我夢中で自らの肉体をそこに仰向けに入れ替えると、彼女に続いてSさんのペニスをアソコに迎え入れました。

「あ、ああ、あひっ……んあっ、はぁ、はぁ……あ、あ～～～～～～っ！」

溜まりに溜まったものがあったのでしょう。私はものの数分で絶頂に達し、失神せんばかりの快楽の世界に没入してしまいました。そして、激しくたっぷりと放たれたSさんの精の奔流を受け入れながら、

『よおし、この素晴らしい経験を糧に、絶対にまた人気作家にのし上がってやるぞ！』

そう心に誓ったのでした。

■結子の長い舌が肉ひだを執拗に舐め震わせ、奥を穿つように掘りえぐってきて……

卒業旅行は女同士の秘密の蜜の味にまみれて

投稿者 白石麻由子（仮名）／22歳／大学生

第一志望だった会社にもめでたく就職が決まり、大学四年の私は四月に卒業を控え、希望に満ち溢れた、とてもキラキラした春を迎えていた。将来、結婚するかどうかはわからないけど、恋人の俊太との関係も良好で、私、こんなに幸せでいいのかしらってかんじ？

そんな中、親友の結子と前から計画していた、北海道への卒業旅行に行った。三泊四日の旅程で、札幌を中心に行けるだけの有名観光地に足を運び、思いっきり美味しいものを食べ、それはもう楽しい時間だった。結子と二人、大学生活最後のいい思い出になるね、とキャイキャイ話したけど、まさかそれが本当に、忘れたくても忘れられないここまで重たい思い出になるとは、思いもしなかった。

それは、明日朝イチの便でいよいよ東京に帰るという、北海道での最後の夜のことだった。

ススキノにある美味しいと評判のお寿司屋さんで、お腹いっぱい地物の新鮮なネタを使ったお寿司を食べ、それなりにアルコールも入れた私と結子は、すっかりいい気分になってホテルに帰ってきた。酔いが落ち着いた頃、じゃあ交代でシャワーを浴びましょうということになって、先に私が浴室へ。正直、あまりいい部屋ではなく、浴室はいわゆるよくあるユニットバスで、激小の浴槽にくっつくようにして洗面台と洋式トイレが設置されていた。そこで私は苦労して服を脱ぎ下着を外すと、それらを便座のふたの上に置いてシャワーを浴び始めた。私たち、最初から北海道グルメや買い物のほうにお金を使いたかったから、これは最初から想定内。まだまだいい気分で、自然とシャワーを浴びる私からは鼻歌が漏れる。

ところが、そのあとがまったくの想定外だった。

ガチャッと浴室のドアが開き、なんと結子が入ってきたのだ。もちろんすでに服を脱いだ全裸の姿で。

「えっ、なになに？　なんなの、結子⁉」

私は慌てふためき、浴槽部分を仕切るカーテンを引こうとしたのだが、それよりも一歩早く結子が狭い浴槽の中に乱入してきてしまった。シャワーからザーッと出る湯流を浴びながら、私と結子はお互いに裸で、ほとんどからみ合うような格好だった。

「ちょっ……冗談はやめてっ！　ほんと、怒るよっ！」

私は結子の体を押しのけつつ、なんとか浴槽から出ようと試みたが、結子に身を挺して妨害されそれが叶わず……それどころか、彼女に壁に押しつけられ、いきなりキスで唇をふさがれてしまったのだ。

「……んっ、んふぅ……んぐ、うぐぅ……！」

「んんっ……はっ、麻由子っ……すきっ！　んぐ、うっ……ずっと、ずっとあなたのことが大好きだったのっ……んんっ！」

結子はそんなことを口走りながら私の唇を激しくむさぼり、さらになんと私の胸を両手で荒々しく揉みしだいてきた。

もともと私は身長一五八センチ、結子は一七二センチと圧倒的な体格差があり、こうなるともう、私の抵抗などまったく歯が立たなかった。次第に私は戦意を喪失してしまい、結子にされるがまま……激しく舌を吸われ、乳房と乳首を揉まれ責め苛まれて、否応もなく注ぎ込まれる快楽的刺激に意識がとろんとしてしまう有様だった。

その間に結子が囁いてきた内容によると、彼女は俗にいうＬＧＢＴで、女しか愛せないレズビアン。大学で初めて出会って以来、私のことが好きになったものの、当然私はノーマルで男性と楽しそうに交際していて、彼女としては取りつく島がなく、ずっと本当の想いを押し隠して接してきたのだという。でも、いよいよ大学生活の終わりが目前に差し迫ってきた今、この二人だけの卒業旅行のときを利用して自分の想いの丈を私にぶつけようと……！

「ごめん、ごめんね、麻由子！　でも私、もうどうにも自分を抑えられなくて……お願い、最後にあなたのこと、思いっきり私に愛させて！　ねっ？」

言いながら彼女の手は、すでにもう私の股間に滑り込んでいて、私の恥ずかしい肉豆をこねるように責めたてながら、同時に乳首をチュウチュウと吸ってきた。私は流れるシャワーのお湯にまみれ溺れそうな錯覚に陥りながら、全身を覆いつくしていくとろけるような快感に支配されていった。

「ああ、麻由子のココ、こんなにヌルヌルになって……感じてくれてるのね！　私のこと、受け入れてくれてるのね！　嬉しいっ！」

正直、そんなつもりはないのだけど、カラダが反応してしまっているのだからそうなのかもしれない。さらに自分の乳房と私の乳房がからみ合うように体を押し当ててくる彼女の圧倒的な官能圧に心地よく圧迫されながら、私は無意識に自分から彼女の唇を、舌を求めていた。

「ああっ、麻由子っ……んぶっ、うう、うぶっ……んはっ、はぁっ……」

そうやって、お互いにキスをむさぼり合って最高の恍惚感に達し、とろけ合ったあと、私たちはシャワーのお湯を止め、二人もつれ合うようにして浴槽から転げ出た。体を拭くこともなく、ずぶ濡れのまま浴室を出てベッドに倒れ込むと、結子は満を持したように私の股間に顔を埋め、口で私の秘部をむさぼり愛し始めた。長い舌が肉ひだを執拗に舐め震わせ、奥を穿つように掘りえぐってきて……すっかり濡れそぼつた私のそこは、ぬちゃ、ぐちゃ、ずちゅ……と、あられもない肉ずれ音をたて、思わず私は二度三度と果ててしまう。

「んんあっ、あひ〜〜っ！　……くはぁ、あふぅ……はぁあああっ！」

「ああ、麻由子のカラダ、大好き！　小柄だけど、白くて柔らかくて豊満で……もっと、もっと感じてっ！　私の手でイキまくってぇっ！」

その言葉どおり、結子の淫らな責めはますます勢いを増し、私はまたさらにイってしまい……気がつくと、私のほうもすっかりテンションが高じてしまい、自分からも彼女に仕掛け、女同士でシックスナインの体勢になって、口と指でお互いを責め合っていた。肉豆を吸い上げながら、指を肉裂の奥深くまで突っ込んで掻き回し、えぐり回して……二人の信じられない量の愛液がシーツを濡らす。

「あひっ、ひあぁ、はぁん……ああ、結子ぉっ！」

「あああああん……麻由子ぉぉっ！」

おそらく、二人合わせてイッた回数は十回はくだらないなず。

十時頃から始まった女同士の悦楽遊戯は、延々夜中の一時すぎまで続いて、ようやく果てて疲れた二人は、そのまま眠りについた。

翌朝、起きた私たちはこの夜のことをお互いに一言も口に出さず、そのまま旅の途上、ぎこちない会話以上のことは話さずに東京へと戻った。

結子の積年の私への想いは達成され満足したかもしれないけど、私のほうはいきなり投げっぱなしで衝撃的な女同士の快感を味わわされ、ある意味、快楽のトラウマとなってしまったようだ。

私、これから先、男性とのノーマルなセックスだけでガマンできるのかしら？

■彼は躊躇なく、熱い昂ぶりを押し付け、肉門を割って胎内奥深くへと突き入れて……■

大学時代の恋人との再会に美しくも淫らに燃えて！

投稿者 草川まりか（仮名）／35歳／専業主婦

まさかそんなことが起きるとは思いもしませんでした。

それは、十三年の時を超えた奇跡的ともいえる再会。

その日私は、久しぶりの主婦友同士のランチ会ということで、ちょっとおしゃれに着飾って出かけ、皆がお気に入りのレストランで二時間ばかりおいしい料理とおしゃべりを楽しんで、すっかりいい気分になって帰途につこうとしたところでした。平日の午後三時すぎくらいのことです。

バス停で帰りのバスを待ちながら、あ～あ、せっかくいいかんじで気分も盛り上がったっていうのに、このまま家に帰るのかあ……今日はあの人も帰りが遅いって言ってたし、なんだかつまんないなあ……そんなことを思っていました。

と、そのとき、「あれ、まりかじゃないか？」といきなり声をかけてきた男性がいたんです。え、私の名前知ってる？　誰、誰？

その彼のほうに目をやり、私は驚きのあまり言葉を失ってしまいました。

なんとそれは、私の大学時代の恋人、健太郎だったんです。大学を出てから実に十三年ぶりの再会でしたが、すぐにわかりました。多少の加齢感はありましたが、それは老けたというよりも、いいかんじに味が出たというほうがふさわしく、ダンディな魅力が加わったという雰囲気でしたし……何よりも私たち、大学時代の四年間、しっかりと真剣につきあった仲でしたから。忘れようはずがありません。

実は私、当時は将来ピアニスト志望で、大学はもちろん美大のピアノ科。彼のほうは画家志望で同じ美大の日本画科でした。結局、私はその後ピアニストはあきらめ、普通の会社に就職したのですが、彼のほうは卒業後も画家を目指してがんばるということになり……すごく好きだったのですが、うちの両親から「そんな夢みたいなこと言ってる男のことなんて忘れろ」と厳しく言われて。私の中でも人生の打算的なものが働いて、愛や夢よりも現実をとってしまい、泣く泣く別れたという経緯がありました。でも彼は恨み言のひとつも言わず、私の幸せを願って身を引いてくれたのです。

「そうか、十三年ぶりかあ。こんなところで会うなんてびっくりだなあ。まりかも幸せそうな奥さんしてるみたいで、俺も嬉しいよ」

「うん、まあね。で、健太郎のほうは？」

そう訊ねると、彼はおもむろにカバンの中からきれいなカラー印刷のカタログのようなものを取り出し、渡してきて言いました。

「それ、今度やる個展のパンフレット。よかったら観にきてよ」

なんと彼はその後、粘り強く自分の夢を追いかけ続け、とうとうそれを実現し画家になったのです。

「まあ、なんとか絵が売れだして、そこそこ食べれるようになったのは最近だけど……これでも画壇ではけっこう評価されてるんだぜ」

昔と変わらぬ魅力的な笑顔でそう言われ、なんだか私は一瞬にしてあの頃にタイムスリップしたみたいな感覚に襲われ……もっと彼と話したい！　そう思った私は思わず彼をお茶に誘い、彼も喜んで応じくれました。

近くのカフェに入った私たちは、昔の思い出から今のお互いの境遇まで、とりとめもなくしゃべり続け……すっかり恋人気分に戻ってしまった私は、話せば話すほど、このまま彼と別れがたくなってしまいました。すると、その秋波が伝わったのでしょうか？　彼のほうから思わぬ提案が。

「なあ、まりか。よかったらこれから俺のアトリエに来て、絵のモデルになってもらえないか？」

「え？」

「あ、だめならいいんだ。その……昔以上にきれいになったまりかを、描いてみたいなって思ったもんだから、つい……」

だめなわけがありません。

私は二つ返事でOKすると、そのまま歩いて十分ほどのところにある、彼のアトリエ兼マンションへと招かれていったのです。

彼は未だ独身でした。「いやあ、絵に一生懸命なあまり、婚期を逸しちゃったよ。まあ今となっては、このままずっと独りでもいいかなって思うんだ」そう言いながら笑う彼のことを私は、昔と変わらず、いや昔以上に好きになってしまっている自分に気づきました。私は鼓動を高鳴らせ、羽織っていたカーディガンを脱いで椅子の背にかけながら言いました。

「たしか、昔から健太郎のいちばん得意なモチーフは、裸婦だったよね？　いいよ、私、脱いでも」

「えっ」

そして、彼の返事を聞くことなく、自ら衣服を脱ぎ始めました。

「ま、まりか……」

呆然と立ち尽くす彼を尻目に私は脱ぎ続け、とうとう一糸まとわぬ姿になると、窓際の日当たりのいい場所に置かれた椅子に腰を下ろし、脚を組みました。

「あ、ああ……本当に……きれいだよ」

彼は画材を用意し絵筆をとると、全裸の私と交互にキャンバスを見据えながら手先を動かし、そこに絵を描き写していきました。その目はどんどん熱を帯びたようにギラついていき、描かれる私のほうもまた、言いようもなく身内から熱いものが昂ぶっていくのがわかりました。

そのまま一時間近くの時が過ぎた頃だったでしょうか。

いきなり健太郎は絵筆を置くと、こちらのほうに歩み寄ってきて、身を屈めて私の体を抱きしめてきました。

「ああ、ごめん、もう堪えられない……きみを抱きたくてたまらない。でも、いやならいいんだよ?」

「ううん、全然。最初からそのつもりだったもの」

「ああっ、まりか！　好きだ、大好きだ！」

彼は思い余ったようにそう口走りながら、遮二無二私の体を抱きまさぐってきました。私のほうもそうされながら、彼の服を脱がしていき、とうとう二人ともが全裸になりました。ぎゅ～っと抱きしめた彼の体は、大学生の頃よりは肉がのり、それなりに柔らかくなってはいました。でも、その温もりと体臭は、あの心から愛し合った昔のまま……私はもうたまらなくなってしまい、きつく抱きしめながら彼の唇をキスでむさぼり、舌をからめて甘い唾液を啜りあげました。

「ん、んん……はぁっ、け、健太郎っ……すきっ！」

「はあ……っ、ああ、俺もだよ、まりかっ！」

私たちは椅子から立つと、そのままもつれ合うようにして部屋の隅のソファまで移動し、そのまま倒れ込みました。健太郎は私の上になって体中にキスの雨を降らせ、今にも本当に食べちぎらんばかりの勢いで、私の首筋を、乳房を、おへそを、下腹部を舐め、吸い、噛んで味わい尽くそうとしてきました。

「あ、ああっ……健太郎……いい、いいわ……！　健太郎のも触らせてっ！」

私は手を伸ばすと彼の股間のモノに触れ、すでに硬く大きく昂ぶっているのを手のひらで確かめると、そのまま握り込んでしごきたてていました。

「んんっ……ま、まりかぁ……！」

彼の声音も甘くせつなくかすれてきて、同時に握った先端からじんわりと熱い体液が滲み出てくるのがわかりました。

「ねえ、早く入れて……健太郎のコレ、欲しくてたまらないの！」

私が上ずる声でそう懇願すると、彼は躊躇なく、熱い昂ぶりを押し付け、肉門を割って胎内奥深くへと突き入れてきました。

「あはっ……ひ、ひあ……あ、ああん……！」

「はぁっ……ま、まりかっ……う、くうぅ……！」

二人の肉体がひとつになったそのとき、私たちの心も十三年の時を超えて、あの頃の、愛だけ信じて生きることができた青春時代へと引き戻されていました。

最後、彼は寸でのところでペニスを引き抜くと、私のお腹の上に精を放ちました。

私はその様を惚けたように見やりながら、甘い絶頂の淵にいたのです。

帰り際、玄関のドアから室内を振り返ると、さっきキャンパスに描き上げた私の裸婦像に愛おしげに寄り添う彼の姿がありました。私は今この瞬間からまた人妻の世界に帰りますが、彼はこのまま私の幻影とともに、もう一度青春時代を生きていくのかもしれません……。

■思いのほか太くたくましい課長の指が丸い肉房に食い込み、わしわしと揉みしだき……

淫らで狡猾な課長の本性を突きつけられて！

投稿者 真中唯（仮名）／27歳／OL

とにかくびっくりした。

そのとき、私は風邪を変にこじらせてしまい、なかなか体調が戻らず会社を三日続けて休んでいたのだけど、その三日目の午後六時過ぎくらいに突然、直属の上司である課長（三十八歳）が私のマンションの部屋を訪ねてきたのだ。

「いや、迷惑かなと思ったけど、とにかく心配になっちゃって……大丈夫？　ちゃんと食べてる？　はいこれ、お見舞いの差し入れ」

「あ、は、はい……お気遣い、ありがとうございます」

いちばん悪いときよりは幾分かましにはなったけど、まだ三十八度前後の微熱があって、正直私の体調はすぐれなかった。でも、せっかく心配して来てくれた課長の好意をむげにもできず、私はふらつく足取りで対応し、一応社交辞令的に言った。

「あの、ちょっと上がってお茶でも飲んでいかれますか？」

「え、いいの？　じゃあちょっとだけ、ね。すぐ帰るから」

しまった。そうだ、課長はそういう人だった。

私は回らない頭ゆえに発してしまった自分の言葉を後悔しつつ、課長を部屋に上げ、小さなダイニングキッチンのテーブルに座ってもらい、お茶の用意を始めた。その様子を課長はいつものやさしい笑顔で見つめている。

そう、課長はそういう人なのだ。

うちは全従業員二十人足らずの小さな広告代理店で、私はそこの総務課で働いているのだけど、課員は課長と私の二人しかおらず、実質おもな業務のほとんどを私が切り回しているかんじだ。だから、その私が三日も休んだとなると、そりゃもう課長も困ることだろう。なにしろこの課長、実は社長の甥っ子で、これまでどこで勤めても長続きせず、見かねた社長が自分の会社で引き受け、お飾り的に今の役職に置かれているという、いわばとんだ『お荷物社員』なのだ。

でも、今では私もその理由がわかっている。

とにかくやさしく、人を疑うことを知らず、素直で……この厳しい社会で生き抜いていくための「腹芸」とも「計算」とも、そしてもちろん「社交辞令」とも無縁な、そんな人柄だから、出世意欲や上昇志向などあるはずもなく……でもだからこそ、まわりは放っておくことができず、ついつい世話をしてしまう。

私は、ふふふと密かに苦笑しながら、課長の湯呑にお茶を注いであげた。

ほんと、いい人なんだけどな〜……早くお嫁さんもらえばいいのに。そしたら、妻帯者としてもう少しは責任感とか、社会的切迫感みたいなものも芽生えるだろうに。

私はそんなことを思いながら、課長の対面に座って自分もお茶を飲み始めた。

ところが、その次の瞬間に起こったことは、あまりにも予想外の出来事だった。

課長は飲んでいた湯呑を置きおもむろに立ち上がると、これまで見たこともないようなスピードでテーブルを回り込んで、私のほうに迫ってきたのだ。そして、

「真中さん、いい加減会社に出てきてよ。仕事たまっちゃって、ホント困ってるんだ。なあ、今日は僕のぶっとい注射打ってあげるからさ。そうすりゃ風邪なんかイチコロってもんだ。ん？」

と、これまた今まで聞いたこともないような、低く悪いヤツの口調で言いながら、パジャマの上から私の体を抱きすくめてきたのだ。

「え、え、ええっ⁉　か、課長……⁉」

私は想像だにしない課長の言動に、ただただ動転するばかり。でも、じっとしているわけにもいかない。必死で身をもがかせて抵抗しようとするのだが、微熱で火照り、

まだ万全でない体調では力が入らず……。

「ああ、やっぱり思ってたとおり、いいカラダしてる。この大きな胸のゴムまりみたいな弾力、たまんないよ」

課長は鼻息も荒くそう言いながら、パジャマの上から私の胸を揉んできて……もちろん、リラックスして休んでいる状況で、ブラなど着けているはずもなかった。思いのほか太くたくましい課長の指が丸い肉房に食い込み、わしわしと揉みしだきながら、激しくこね回してくる。

「あっ、あ……あう、か、課長、だめです、そ、そんな……っ！」

パニック状態の中、がぜん熱が上がってしまったみたいで、意識は朦朧、全身を一層のだるさが支配していく。でも逆に、皮肉なことに身中の深いところ……課長の乱行によって刺激された女の性感の部分は鋭敏に反応し、恍惚とした快美感が広がっていくことに、自分でも驚いてしまう。

「ほらほら、こんなに乳首立たせちゃって。僕、知ってたんだよ？　真中さんが普段会社では大きな胸が目立たないよう、きつい下着で締めつけてたの。でも、そんなの体に悪いからさ、こうやって開放して、思いっきり暴れさせてあげないとね」

いつもニコニコしてるだけで、まるで何も考えていないように見える課長が、まさかそんなところまで見抜いていたなんて……私は思わぬ課長の本性を垣間見ながら、ますます激しさと深度を増してくるその愛撫に悶絶していた。

「ああっ、はぁっ……だ、だめ……か、課長っ……」

「何がだめなもんか。乳首はビンビン、アソコはびっちょびちょ、感じまくりじゃないか。もっと自分に正直にならなきゃな」

またたく間にパジャマを脱がせ、パンティを剝ぎ取った課長は、私の肉体の淫らな反応を確かめ、あられもなくその羞恥の現実を突きつけてくる。

「でも、あんまり長くこんな格好のままいさせて、風邪が悪化しちゃうと申し訳ないからな、手っ取り早く僕の太いの、注射させてもらうよ？」

そして課長はてきぱきとスーツを脱ぐとあっという間に全裸になり、その股間の昂ぶりを私の眼前に見せつけたあと、恥ずかしいほどに濡れまみれたアソコに突き入れてきた。頭の中が真っ白になるような衝撃が私に襲いかかる。

「あひっ！　ああ、あ……あん、あん、ああぁうぅ……！」

「ほうら、きみのカレシの向井なんかよりずっといいだろ？　あいつ、粗チンの上にとんだ早漏だっていう噂、聞いたよ？　満足してないんだろ？」

ど、どうしてそれをっ……!?

私は信じられない課長の情報網に驚きながら、貫いてくるそのパワフルな肉震に身悶えし、背をエビぞらせて感じまくってしまう。

「あっ、あっ、あ……はぁ～～う～～～～……」

「んっ、ううむ……ああ、出すよ、真中さん……んんっ！」

次の瞬間、私は胎内で課長の熱いほとばしりを感じながら、絶頂に達していた。

たしかにそれは、かつて恋人の向井からは一度も与えられたことのない、女冥利に尽きる極上のオーガズムだった。

「お大事にね、真中さん。そしてこれからも、よ・ろ・し・く」

そう言って課長は帰っていった。

なぜ今日、課長は普段とは違う本性を私にさらしたのだろう？　ずっと私のことを狙ってた？　好きだった？　それはわからないけど、私は周囲がすっかりだまされている課長の処世術の一端を垣間見た気がしたのだった。

いつかまた抱いてもらえるだろうか？

今や私は課長に夢中だ。

■私はそこで舌なめずりしながら、その大きく突っ張った彼の股間に触れていき……

ヨガ教室での秘密の欲求不満解消に夢中な私

投稿者　湯島麻美子（仮名）／40歳／ヨガインストラクター

二十代半ばまでOL勤めをしたあと、ヨガの魅力にハマり修業と勉強に励んだ後、OLを辞めインストラクターとして働き始めました。いくつかの教室に勤めて経験を積み、三十三歳のときに独り立ちして自分の教室を持ちました。

それから七年、今では常時百人近い生徒さんを抱える盛況で、おかげさまで人気のヨガ教室として安定した経営をさせてもらってます。私個人の年収は二千万近くあり、一等地にあるタワマンの2LDKの一室を購入し、たぶん、世間一般の女性から見ると、さぞかしうらやましい暮らしができているのだと思います。

ただし、ここまでなるまでに支払った代償も大きく、結局私はヨガに一生懸命になる余り恋愛から遠ざかり、婚期を逃し……おそらくこの先も一生独身で過ごすことになるのだと思っています。もちろん、自分で選んだ道ですから、後悔の念などはまったくないのですが、ただ……お恥ずかしい話、生理的欲求というか、本能的欲求というか……要は『男が欲しい』という性的欲求不満だけはどうにも抑えつけることができず……そんな私の秘密の性的フラストレーション解消法について、今日はお話ししたいと思います。

その日最後の、夜の部の教室に参加する生徒さんのリストを見ると、私のお気に入りのタクトくん（二十六歳）の名前がありました。そう、最近は男性の生徒さんも決して少なくなく、全体の三割ほどはいると思います。

思わず私、催してしまいました。

レッスン用のピッチリと体にフィットしたレオタードの下で、乳首はツンと痛いくらいに突っ張り、股間もズキズキと疼いて……タクトくんのあの引き締まった体を想像しただけで、欲情してそんな有様になってしまったんです。

ああ、久しぶりにきたなあ……最近ちょっと溜めすぎちゃったかもしれないなあ。

これは何とかしないと、心にも体にも悪いからね。

よし、今日は実行しよう！

その日私は、いつもの欲求不満解消プログラムを展開する決意をしたのです。

夜の部の教室が始まり、実際の指導は配下のアシスタントインストラクターに任せ、

私は部屋の隅に立って、いかにも全体を見渡し、個々の動きをチェックしているかの

ような体でいました。まあ実際にはそんなそぶりをしつつ、タクトくんのことしか見てないんですけどね（笑）。

そして九十分の教室が終わり、ぞろぞろと生徒さんたちが帰り支度をするために更衣室へと向かい始めたとき、私はおもむろにタクトくんのほうに向かって近づいていきました。そして、

「あのね、今日ずっと見させてもらってたんだけど、どうもあなたの呼吸と体の動きのバランスが悪いみたいなのよね。このままじゃ本来のヨガの効果が全然見込めないと思うのよね。ねえ、よかったらこのあと居残って、私からの特別レッスンをさせてもらえない？」

と言いました。するとタクトくんはビックリしたような面持ちで、

「ええっ、麻美子先生直々に指導してくださるなんて……いいんですか？」

と、興奮した口調で言いました。

そう、そのくらい、この教室における私の権威と影響力は大きいのです。

「うん。一対一の指導なんて滅多にやらないんだけど、今日は本当に特別にね」

「はい、ありがとうございます！　よろしくお願いします！」

私はにっこりと笑顔でうなずきました。

そして二十分後、他の生徒さんたちと従業員の皆が帰っていなくなったあと、教室には私とタクトくんの二人だけになりました。

「はい、じゃあまずは基本のポーズからね」

私はまず自分でその形を示しながら、タクトくんがそれに従って体を動かし始めると、近寄っていって指導（するふり）を始めました。

「そうそう、そこ、もっと背中を反らして。そして同時に大きく息を吐いてぇ～」

「は、はい……」

タクトくんは床に腹ばいで寝そべり、そのまま頭と足を上げて背筋を鍛えるような要領で背中を弓反らせます。するともちろん、もっこりとした股間がさらにいっそう突っ張るような状態になって……もう生唾ものです。私はそこで必殺のヨガテクニックを使い、背骨の中心近いところにある秘密のツボを刺激してやりました。

すると、途端に彼の股間がムズムズとうごめきだし、スパッツの下でビンビンに硬く大きくなっていくのがわかりました。

「えっ、えっ、えっ……？　あ、あれっ？　お、俺、なんで……？」

自らの肉体の思わぬ変化に動揺し、焦るタクトくん。

うふふ、かわい～～～っ！

「あ、だめよ、そこでやめちゃ！　こらえてポーズを維持するのよ！　今やめちゃったら、せっかくのレッスンが台無しよ！」

「え……は、はい……」

タクトくんは顔を真っ赤にさせながら、なんとかそう応えました。

私はそこで舌なめずりしながら、その大きく突っ張った彼の股間に触れていきます。

伸縮性のある生地にほとんどくっきりと形が浮かび上がる彼のペニスの裏筋に沿って、ツツツー……と爪を滑らせてあげて。

「あ、あああっ……せ、先生、い、いったい何をっ……？」

「うふふ、ねえ、タクトくんのここ、すごいことになっちゃってるねえ～。ほら、全然おとなしくなる様子がないわよ？　どうなってるの、これ？　変態なの？」

「い、いや、そんなことは……な、なんでこんなことになっちゃうんだろ？」

思いっきり動揺しながら焦るタクトくんですが、それもそのはず、私の押した秘密のツボは、男性の性器を問答無用で勃起させ、射精するまでは決して萎えさせないという効果があるのです。

「あ、ああ……い、痛い痛い……先生、痛いです～～～～っ！」

そのうち彼は泣きそうな声を上げ始めました。

　このツボへの刺激によって、男性の性器は限界いっぱいいっぱいまで膨張するため、快感を通り越して苦痛すら覚えてしまうほどになってしまうのです。

「ああっ、せ、先生！　な、なんとかしてくださいっ！　ぼ、僕のオチン○ン、このままじゃ爆発しちゃいます～～～！」

　今やタクトくんは、その激痛のあまり、完全に涙ぐんでしまっています。

「もう、しょうがないな～。じゃあほら、そのまま仰向けになって」

　私はそう命じると、おもむろにレオタードを脱ぎ始め、全裸になりました。その姿を床に寝そべって見上げながら、タクトくんは苦痛の中にも感心したような表情を浮かべています。それはそうでしょう。もう十五年に渡ってヨガによって鍛え上げてきた私のこの肉体、胸は張りがあってまったく垂れておらず、ウエストは見事なまでにくびれ、太腿だってスラリと引き締まっています。その辺の衰えた四十路女と一緒にしてもらっちゃあ困るっていうものです。

「うん、これはね、思いっきり中身を抜かないと、ずーっとこのままなのよ。そんなのイヤでしょう？　はい、今ラクにしてあげるからね」

「は、はい……お、お願いします～～～！」

　私はズルリと彼のスパッツを引きずり下ろし、ビィンッ！　とギンギンに赤黒く膨張したペニスを勢いよく跳ね上げさせると、その垂直に屹立した真上からゆっくりと腰を落としていき、自らのワレメに咥え込んでいきました。

「あっ、ああ……あ、ふ、深い～～～ッ！」

「はぁッ、せ、先生、もっと、もっと激しく動いてくださいっ！　早く僕の中身カラッポにしちゃってください～～～ッ！」

私はその涙声の要請に応え、腰を大きく跳ねるように上下動させながら、彼のペニスを絞りあげてあげました。

「ああっ、いいわッ、タクトくんのチ○ポ、奥までくる～～～ッ！」

「あうッ、せ、先生ッ……あ、ああ……あっ……！」

「ああん、イク……イクの、うう……ひあ～～～～ッ！」

私が最高の絶頂を迎えた瞬間、タクトくんの精液が胎内で噴水のように吹き出し、弾けるのがわかりました。

お気に入りの男子生徒さんを使っての、この秘密のお楽しみ……この先もずっとやめられそうにはありません。

■彼の首筋に吸いつきながら、大胆にもズボンの上から股間に触れ、その膨らみを……

亡き親友の遺影の前で繰り広げられた背徳の痴態

投稿者 三田村やよい（仮名）／31歳／パティシエ

私には高校卒業以来十年以上、今でも親しくつきあっている同級生の親友が二人いました。香奈子と孝之です。もともと二人はつきあっていたのですが、ついに三年前に結婚してからは、私と彼ら夫婦の三人で月に一回くらいのペースで食事をしたり、飲んだりといった交流を続けていたのです。実は私は密かに孝之のことが好きだったのですが、そんな自分の気持ちを押し殺して日々パティシエの仕事に打ち込み、二人の幸せを願っていました。

ところがある日、予想だにしない悲劇が起きてしまいました。

香奈子が交通事故で亡くなってしまったのです。

孝之の悲しみと憔悴ぶりは、それは痛々しいものでした。お通夜、葬儀に出席したものの、そのあまりにも打ちひしがれた姿は、とても私が話しかけられるようなものではなく、しばらく距離をおいて様子を窺うしかありませんでした。

そして香奈子の死からおよそ二ヶ月後、ようやく孝之と会えることになり、私は今や一人暮らしとなった彼のマンションへと向かったのです。

「孝ちゃん、大丈夫？」

私は香奈子のお骨が置かれた小さな仏壇に手を合わせたあと、持参してきたお手製のケーキを自分で取り分け紅茶を用意しながら、孝之に言いました。

「ああ、なんとかね。もうさんざん泣き明かして涙も出尽くしたかんじがするよ」

孝之は、前に比べればだいぶ落ち着いたような様子でそう答え、ケーキを口に運んでいたのですが、にわかにその表情を曇らせ、

「う、うう……やよい、お、俺……つらいよ……く、くう……か、香奈子ぉっ！」

と、嗚咽を始めてしまいました。

私は慌てて孝之に寄り添うと、そのむせび泣いて震える背中を撫でながら、

「孝ちゃん、かわいそうに……ほんと、元気だして、ね？」

と慰めましたが、そうしているうちに、無性に彼に対する愛おしさがこみあげてきてしまいました。彼に触れている手指の感覚が、熱く上気してくるのがわかります。

もう、自分で自分が抑えられませんでした。

「ああ、孝ちゃん……！」

私は彼の顔を無理やりこっちに向かせると、その唇に激しくキスしていたのです。

「……んぐ！　うっ！？　んんっ……！」

孝之は目を白黒させて驚愕し、慌てて顔を離そうとしましたが、私はそうはさせませんでした。突発的に行動してしまった私でしたが、ここで変にことが中断してしまうと、それこそバツが悪すぎていたたまれなくなってしまいます。必死でこのままとことん押し通そうと思いました。

「孝ちゃん……ずっと、ずっと好きだったの！　ねえ、お願い！　今日は香奈子の代わりに私を抱いてっ！」

「そ、そんな……ダメだよ、やよい！　やめろって……！」

そう言われても私は臆せず、彼の首筋に吸いつきながら、大胆にもズボンの上から股間に触れ、その膨らみを撫でさすり、揉みたてました。

「あっ、ちょっ……やめ……だめだって、やよい……！」

口ではそう言う孝之でしたが、私の手の下でそこは、まちがいなく硬度を増し、ムクムクと大きくなってきて……その否定しようのない欲望の変化に力を得た私は、仏壇の中で微笑む香奈子の遺影に向かって『ごめんね……許して』心の中でそう声をかけると、さらにあともう一歩攻めの行動を起こし、孝之にのしかかってその体を床のカーペットの上に押し倒していました。

　そして彼のシャツを引きちぎるように脱がせて、中のTシャツをめくり上げると、その乳首にむしゃぶりついていました。私、男性の乳首を舐めるのが大好きなのです。

「あっ……ん、くう……ううっ……」

　私に乳首を舐め、吸われ、そして甘噛みされて、孝之は甘ったるい喘ぎ声を漏らしました。私の舌先が、つんつんと勃起しビクビクと震える彼の可愛い乳首の反応をねっとりと味わいます。

　そしてそのまま体を下のほうにずらしていくと、ベルトを外してズボンを脱がし、下着も剝ぎ取りました。もう八割がた勃起したペニスが頭をもたげ、私はそれにむしゃぶりつき、舐めしゃぶりあげます。

「ああっ……あ、あ、はぁ……や、やよい……んっ、くうぅぅ……」

　あっという間に、ペニスは私の口の中には納まりきらないほどの大きさにフル勃起し、思わずえづいてしまうほどの勢いで、喉奥を突いてきました。

「ぷはっ……あ、ああん！　あたしのココも、舐めてぇっ！」

　私はペニスを口から放して身を起こすと、あられもなくそう訴え、自ら下半身裸になると、シックスナインの格好で彼の上に乗っかり、私たちはお互いの性器を激しい音をたてながらむさぼり合いました。

「んあっ……もう、もうガマンできない！　孝ちゃんのコレ、あたしの中にちょうだい！　いっぱいいっぱい、ちょうだい！」

「や、やよい……！」

今や完全に香奈子のことが吹っ切れた孝之は、私に覆いかぶさるとすごい勢いでペニスを挿入してきました。壊れんばかりの迫力で肉裂を穿ち、突いてきて……私の思いの丈が炸裂したようなエクスタシーが押し寄せてきました。

「あっ、あっ……ああ、や、やよい～～～～～っ！」

「た、孝ちゃ～～～～ん……イク、イク～～～～～～！」

私たちが揃ってクライマックスに達した、まさにその瞬間、仏壇から香奈子の遺影が転がり落ちてきました。

香奈子、やっぱり怒っちゃったのかな？

ごめんね。

■女の感じるスポットを巧みに責め爪弾かれ、私は身を大きくのけ反らせながら……

ピアノ講師の巧みな指づかいに悶えるインランお嬢な私

投稿者　由美エリカ（仮名）／23歳／家事手伝い

父は、その世界では有名な機械部品製造会社の社長をしていて、私はそのおかげで経済的に裕福な環境を与えられ、何不自由のない暮らしを送っています。

あ、「何不自由のない」という表現には語弊があるかな。

とにかく、ひとり娘の私は大事に大事にされているものだから、昨年、誰もが知っているお嬢様大学を卒業したあとも、就職とかすることを許してもらえず、父のお眼鏡に適ういい結婚相手が見つかるまで、母の下について花嫁修業しろってことになって……自由に遊ぶこともできないんです。

私、本当はエッチ大好きなインラン娘だっていうのに。

だからそんな私にとって、堂々と両親のお墨付きを得た、いくつか通っている習い事は絶好の羽根の伸ばしどきっていうわけです。

さて、今日はピアノの日です。

講師は、イケメンピアニストとしてクラシック好きマダムたちの間で人気の高いS先生で、自宅の3LDKのマンションの一室が教室です。

椅子に座りピアノに向かう私の背後にS先生が立ち、譜面を見ながら鍵盤の上で指を運ぶ私にあれこれと指示してきます。

「あ、そこはもっと運指を速く」「強すぎる。もっとソフトに！」

が、あまりそれにうまく応えられない私に業を煮やしたように、

「う～ん、だめだなあ、ほら、そこはこういうタッチで」

言うと、後ろから手を回して胸に触れ、乳頭の辺りを柔らかく撫で回してきます。ブラウスとブラジャー越しなので決して強い刺激ではないのですが、逆にそのじれったさが、たまらない気持ちになっちゃうんです。

「あ、あん……先生、んん、んふう……」

思わず指が止まってしまう私に対して、

「ほらほら、そんなんじゃこの曲は弾きこなせないよ？　こらえて、こらえて」

先生はニヤついた声で言いながら、さらにブラウスの中に手を突っ込み、巧みにブラのホックを外して緩めると、直に乳首に触れ、コネコネと乳繰ってきて。

「あふっ……あん！　だ、だめえ、先生っ！」

「ふふ、何がだめなもんか。こんなにビンビンに尖らせてるくせに。ほら、本当はもっと強くいじってほしいんだろ？　こんなふうに！」

両方の乳首が摘まれ、コリコリと強めにこね回され……とうとう私の指は鍵盤の上で完全に止まってしまいました。

「あん、先生っ……もう、もうたまんないですぅ！」

すっかり昂ってしまった私が、そう上目遣いに訴えると、

「しょうがないなあ、エリカくんは。今日もお父さん、お母さんには内緒で可愛がってほしいのかい？　じゃあ、まずは先生のを舐めてもらおうか」

先生はそう言って、私の椅子をくるりと自分のほうに向けると、股間を前に突き出してきました。私は言われるままにベルトを外し、ジッパーを下げました。緩んだズボンがストンと先生の足元に落ち、もっこりと膨らんだパンツの股間が現れました。

私は夢中でそれをめくり剝き、いよいよ先生の生チ○ポが目の前に！

それはすでに七割がた勃起していて、ヘビの鎌首のように亀頭をぐぐっともたげていました。私はごくりと生唾を飲むと、それを手で捧げ持ってぱくりと先端を咥え込みました。そして唾をたっぷりと出してぬめりからませながら、にゅろにゅろと亀頭の縁部分を舐め回し、すぼめた舌先でおしっこの出る穴をぐりぐりとえぐり掘るよう

にして………。

「んおおう……相変わらず上手いなあ、エリカさん！　お父さん、お母さん、まさか手塩にかけて育てた自分たちの箱入り娘が、こんなどうしようもないインラン女になってるとは夢にも思わないだろうなあ」

先生の意地悪な物言いも、逆に私の興奮に火をつけるみたいなかんじになって、より一層フェラにも熱が入ってしまいました。

「う、ううっ！　くうぅ……す、すごい……いい、いいよ、エリカさん！　チ○ポ、蕩けちゃいそうだ……！」

先生は声を上ずらせながら、私の胸に手を伸ばすと両方の乳首を摘まんで、さっきよりもさらに激しくこね回し、いじくりたててきました。快感の悶痛がキュンキュンと乳首を襲い、私は意識が飛びそうになってしまいます。

「んんぐ、んふっ……ぐうっ、うん……んはぁっ……！」

「おうっ……う、うぐぐっ……！」

と、私の口内でひときわ大きく亀頭が膨らんだと思った瞬間、熱いほとばしりが弾け、ドクドクと大量の苦い濁流が喉奥に流れ込んできました。

「ふわぁぁぁ……あ、あぁぁぁ……」

頭上で先生の呆けたような声が聞こえ、私はその粘つく淫液を一滴もとりこぼすまいと、必死で飲み込んだのです。

「ああ、エリカくん、相変わらずとってもよかったよ。まさに極上のテクニックだ。じゃあ今度は、きみのほうをたっぷり感じさせてあげるからね」

十五分ほど間をおいたあと、精気を取り戻した先生は、私の手をとって大きなソファのほうに導いていきました。そして自ら服を脱ぐと、私の高級ブランドの衣服を一枚一枚丁寧に剝ぎ取っていきました。

そして全裸の私をソファに寝そべらせると、股間に指を潜り込ませ、うごめかせてきました。いやもう、その絶妙の指づかいときたら……！　まるで名曲の調べを弾くように、ときに軽やかに、ときに重厚に……女の感じるスポットを巧みに責め爪弾かれ、私は身を大きくのけ反らせながら、悶絶しまくってしまいました。

さすが人気の一流ピアニストです。

「あ、はあ……はぁはぁはぁ……せ、先生……もう、ほ、欲しいの……先生のたくましいオチン○ン、エリカの中にちょうだいっ！」

いよいよ切羽詰まってきた私がそう乞うと、先生は、

「よしよし、今ぶち込んであげるよ」

と応え、律義にコンドームを装着したうえで突き刺し、ヌプヌプとペニスを胎奥へと沈み込ませてきました。

待望の肉圧が私の中いっぱいに満ち、ズブズブと繰り出される抜き差しがめくるめくような快感をもたらしてきます。

「あっ、あっ、あんっ……ひあっ、いい……いいの、先生っ！」

「ううっ……し、締まる……エリカくんのマ○コ、最高だよ～～～っ！」

先生の必死の奮闘のおかげで、私は三回もイクことができて、もう大満足でした。

三十分後、シャワーで身ぎれいにさせてもらい、先生のマンションをあとにしながら、私は思っていました。

え～っと、次は来週火曜の料理教室か。あの先生のホイップクリーム全身塗りたくりプレイもたまらないのよね～。ふふ、楽しみ、楽しみ。

……なんて、お父さん、お母さん、とんだ箱入り娘でごめんね（笑）。

第四章　禁断の欲望に溺れて

■あの勝手知ったる魅惑の肉感が俺のチ○ポを包み込み、キュウキュウと締めつけて……

未練たらたらの元カノと現カレのエッチ現場に乱入して!

投稿者 橋本裕一(仮名)/32歳/公務員

実は俺、つきあってた同じ課の美由紀(二十七歳)と、つい先月に別れたばかり。いや、美由紀ってけっこうかわいいし、カラダもいいんで本当はちょっと未練があったんだけど、上司の課長の勧めでその娘とつきあうことになっちゃって……最初は二股も考えたんだけど、万が一バレたらあまりにもリスクが大きいなあと思って、万全を期して美由紀のほうを切ることにしたんだよね。やっぱ大事だもん、将来のこと。で、さぞかし美由紀も悲しむか怒るかして、拒絶してくるかと思ったんだけど、これが意外にもあっさり承諾してくれて。へんに修羅場らなかったのはもちろんありがたかったんだけど、彼女にとって俺なんかその程度の相手だったんだなって思うと、なんかちょっと悲しかったかな。勝手な言いぐさだけど。

ところがその後、その理由がわかって、実は美由紀のほうも新しい男ができてたんだよね。しかもこれがまた皮肉な話で、その新しい相手ってのが、別の課の大友って奴なんだけど、実家がけっこう大きな商売をしてる資産家で、そいつはそこの三男坊ながら、ゆくゆくはそこの傘下の会社の社長の座が約束されてて……俗にいう玉の輿ってやつ？　聞くところによると、なんかちょっと前から、向こうから言い寄られてたみたいで……実は俺からの別れ話が渡りに船ってことだったらしい。ま、ある意味、円満別離ってことかな、恨みっこなしで。

でもその後、新たに交際を始めた課長の娘ってのが、二十四歳と若くて、顔もまあまあなんだけど、カラダのほうがなあ……胸は小さいし、アソコの具合もなんかあんまりしっくりこないし……お世辞にもイケてるとは言いがたく、そうなるともう、がぜん美由紀のことが恋しくなるばかり。職場でもこっそり彼女の姿を目で追っちゃうんだけど、洋服越しでもその豊かなバストラインや、艶めかしいヒップラインを見るたびに、仕事中だというのに勃起させちゃってる始末。はぁ～……。

で、俺、思い余って美由紀に密かに懇願しちゃったんだよね。

「頼む、一生のお願いだから、最後にあと一回、ヤらせて！」

って。そしたらなんと、意外な返事が。

「う～ん、まあ正直、あたしも裕一とのエッチが恋しいんだけど、さすがに、はい、いいですよってわけにはねえ……じゃあ、こういうのはどう？　実は今夜、あたしの部屋にカレが泊まりにくるんだけど、そのとき、押し入れの中からこっそり覗くぶんにはいいよ。あたしの裸、最後にじっくり見せてあげようじゃないの」

……う〜む、見てもいいけど触っちゃダメってか？　そんなヘビの生殺し状態に俺、耐えられるのか？　そう思ったけど、もうこの際、それでもいい！　美由紀のあのどエロいカラダがナマでもう一回拝めるのなら！

と、正常な精神状態じゃなかった（？）俺は、その話を受け入れてしまったわけ。ほんと、歩くチン○コ状態だったなあ、俺……。

そしてその夜、俺は美由紀の部屋に先乗りして、しっかりと膀胱を空っぽ状態にして、ちょっとくらいの籠城には耐えられる態勢を整えた上で、押し入れの中、息を殺して新カレ氏である大友の来訪を待ち受けた。

すると案の定、奴も美由紀にはもう完全メロメロ状態だったらしく、やって来て部屋に上がるなりシャワーも浴びず、彼女をベッドに押し倒してきやがった！

くっ、くそうっ！　……が、気持ちはわかる！　やっぱあのカラダ、たまらんもの。

俺は大友に変な共感を抱きながら、薄く開けた押し入れの戸の隙間から、二人の痴態を食い入るように見つめ続けた。

美由紀の部屋着が脱がされ、下はノーブラだった彼女の豊満なバストがあらわになり、その白く丸い肉房をプルルンと揺らす。ああ、相変わらず少し濃いめピンクで大粒の乳首がまたそそられる！　ああっ、しゃぶりつきたい～！

と、まるで以心伝心かのように大友の口が彼女の乳房にしゃぶりつき、肉房全体を舐め回しながら、じゅるじゅる、ちゅうちゅうと乳首を食み、吸いむさぼってゆく。

「あっ、はぁん……んくぅ、くふぅ……」

美由紀の艶めかしくせつない喘ぎ声が耳に届き、俺の興奮度はますますアップ！　とっくに硬くなっていたチ○ポにさらに大量の血流が巡り、ズボンを突き破らんばかりの勢いで怖いくらいに昂ぶり、とんでもなく勃起してしまう。

「はぁはぁ……ああ、美由紀……いいよ、最高のカラダだ……」

美由紀の服を脱がして全裸にしてしまった大友は、激しく息を荒げながら、自分も焦ったように着ていたスーツをかなぐり捨て、ワイシャツを脱ぎ……でも、なぜか黒い靴下だけを残して素っ裸になった。おいおい、それも脱げよ！

などという俺の心の叫びなど聞こえるはずもなく、ヤツは相変わらず靴下だけは穿いたままで美由紀の裸体にからみつき、チ○ポをおっ勃てながら、胸からへそへ、そして下腹部の淡い茂みへと舌を這わせ、じゅぶじゅぶ、じょりじょりと湿った舐め音を響かせながら性戯をエスカレートさせていった。

「あふぅ、はあ、ああ……んはぁっ……」

ああ、美由紀、あんなに感じちゃって……く、くやしいなあ……俺はズボンとパンツを脱いで剝き出しにした自分の勃起チ〇ポを握りしごきたて、羨望と嫉妬に駆られながらも、こう思っていた。

ああ、大友のヤツ、勃起してあれじゃあたいしたことないなあ……かわいそうに美由紀、あんな粗チンじゃあ、ちゃんと満足できないだろうなあ……。くそぉ、俺のこのビッグマグナムなら、とことん感じさせてやれるのに！

「ああ、美由紀、もう限界だ！　入れるよ……」

そうこうするうち、大友がついに自分のチ〇ポを振りかざし、息せき切って美由紀のアソコに挿入した。もう最初っからフルパワーでピストンを繰り出し、美由紀の股間に激しく腰を打ちつけていく。美由紀はそんな大友の腰に両脚を巻き付けて、

「あ、ああ、いいっ……いいわあ、す、すごいぃ……」

と、あられもない喜悦の喘ぎを……ん？

なんと彼女は、口ではそんな声をあげつつ、明らかに笑みをたたえた目で俺のほうを見てきたのだ。そう、さも感じてるような声は演技だ。そして、俺にこう訴えていたのだ（と、俺は思った）。

『こんな粗チンで感じるわけないでしょ？　ねえ裕一、あなたの自慢のビッグマグナムで、あたしのこと、満足させてよぉ！』

その瞬間、俺の常識と理性のタガは完全に吹っ飛んでいた。

押し入れの中で、まだ着ていたシャツをマッハで脱ぎ捨てマッパになると、激しく音をたてて戸を開け外に飛び出し、ベッド上の二人の間に乱入していったのだ。

「な、なんだなんだ⁉　お、おまえ……っ⁉」

大友は予想だにしない展開に驚愕しながらも俺のことを認識し、見知らぬ強盗や暴漢ではないことに少し安堵したように、俺の勢いに負ける形で身を脇にどけた。

「美由紀、美由紀～～～っ！」

俺はもう大友の存在など眼中にはなく、美由紀の裸体に躍りかかると、先端からガマン汁を滴らせフル勃起しているチ〇ポを、その愛しいマ〇コにブッ刺していた。とろけるように生温かくヌメヌメとした、あの勝手知ったる魅惑の肉感が俺のチ〇ポを包み込み、キュウキュウと締めつけてくる。

「あっ、あっ、ああっ……あん、はあっ、くあっ……ひはぁっ！」

演技なんかじゃない、ガチで感じてる喘ぎが美由紀の喉からほとばしる。

俺はそれを聞いて、えも言われぬ満足感に浸りながら、なおも激しく貫いて……。

「あひぃっ……はっ、はっ……イ……ク……ああ〜〜〜〜っ！」

「んんんっ、んぐっ……うっ！」

俺たちは久しぶりの、心からの満足感に包まれながら、双方これ以上ないほどのクライマックスを迎えていた。

その後、恐る恐る大友と話してみると、ヤツは意外にも話のわかる男で、同じ一人の女を愛する者同士、意気投合して美由紀とともに3Pエッチまで楽しむこととなってしまった。どうやら今回のことは、密かに大友のそういう性格を見抜いた美由紀がすべてたくらんだようだ。彼は俺の美由紀に対する想いを理解してくれた上で、今日が最後、金輪際美由紀のことは忘れるという誓いを立て、晴れて和解する形となった。

それにしても、一歩まちがえば、俺は将来の出世の道を、美由紀は玉の輿の座を棒に振ることになる危険な賭けだったわけで……。

ほんと、女ってこわいよなあ。

■恵介さんは分厚い筋肉でカチコチに硬い下半身を私にぶつけてきて……

正月帰省で私を見舞った義兄の極太の欲望！

投稿者　大谷内佳苗（仮名）／26歳／パート主婦

結婚してから初めて、お正月に夫の実家のほうに帰省したときの話です。

夫は三十歳ですが、三つ年上のお兄さんが一人いました。

もちろん、これまでも何度か会ったことはありますが、そのたびに私は、彼の自分を見る好色なヘビのようなねちっこい視線を苦手に感じていたのです。

そして久々に会う彼、恵介さんの目は相変わらず……いえ、以前にも増して私に対するギラギラした欲望を感じさせる光に満ちているように思いました。

恵介さんは三十三歳にしてまだ独身で、警備会社に勤めていました。中肉中背でごく平均的な体格の夫とは違い、身長一九二センチ、体重九十キロというたくましい体つきをしていて、その威圧感たるや並大抵ではありませんでした。そのせいもあって、私が彼から感じる脅威はお察しいただけるかと思います。

それは元旦の夜のことでした。

義父と義母はもともとあまりお酒が飲めないたちにもかかわらず、息子夫婦の初めての正月帰省という喜びでテンションが上がってしまったのでしょう。お正月のおとそに使った日本酒の残りを熱燗で三合ほども飲み、それにつきあう形で、やはりあまり飲めないたちの夫も次々と盃をあけて……夜十一時を回る頃にはすっかり出来あがってしまい、三人ともコタツに足を突っ込んだまま寝入っていました。

私はというと実はけっこう飲めるくちで、皆につきあいながらもほとんど酔うことなく、「さて、後始末、後始末……」と、嫁としての務めにかかろうとしていました。と、そのとき、恵介さんが仕事から帰ってきました。職業柄、この元旦も現場があったのです。

私は一応、「あ、お帰りなさい。皆寝ちゃいましたけど、お義兄さんも一杯やりますか？」と、建前上声をかけました。きっとまた、いつもどおり無口に自室へ入ってしまうのだろうと高をくくりながら。ところが、返ってきた言葉は意外にも、

「ああ、いいね。一杯もらおうか。佳苗さん、つきあってくれる？」

というもので、私は内心「しまった」と思いつつ、もうあとへは引けません。

義父、義母、夫の三人がそれぞれ寝てしまっているため、一箇所しか空いていないコタツの席に恵介さんに座ってもらい、私はその脇に膝をつく形で、さしつさされつ

の酒宴が始まりました。

先の三人と違って、恵介さんがかなりいけるくちであることは知っていましたが、実際、その飲みっぷりは想像以上でした。ぐいぐいと次から次へと盃をあけ、しかもほとんど酔わない。逆に私のほうが、それにつきあううちに、さすがにだんだん酔いが回ってきました。そして揺れる意識の中でなんとか恵介さんにお酌をしようとしたそのとき、ぐらっと体のバランスを崩して、徳利の中のお酒を彼のズボンの上にこぼしてしまいました。それもちょうど股間の辺りに。それほど熱くはないとはいえ、私は慌ててしまい、布巾を持ってそれを拭きにかかりました。場所的に普通なら躊躇してしまうであろうところ、やはり酔いのせいでそういう感覚が鈍ってしまい、私は無我夢中でズボンの上から彼の濡れた股間をゴシゴシと拭きこすっていました。

「ああ、本当にごめんなさい……」

そして、なんとかかなり湿りがとれたかなと手を止め、目をあげたそのとき、バシリと合った恵介さんの瞳は、異様なまでにギラついていました。白目は赤く血走り、瞳孔が開いているかと思うほどに黒目は大きく膨張し……！

「か、香苗さんっ……！」

彼はそう口走ると、私の手を摑んで、グイと自分の股間部分に押しつけるようにしてきました。

私は驚嘆しました。

ズボン越しに感じるその昂ぶりの、巨大で硬いことといったら！

実際に確かめるまでもなく、夫とは比べようもなく立派なペニスであることがわかりました。まるでその血流うずまく熱さ、激しい脈動までが手のひらに伝わってくるようです。

「ああ、香苗さん……じかに触ってくれよ、オレのこれ……」

恵介さんは酒臭い息を荒く吐き出しながらそう懇願してきて、でも私は、

「だ、だめ！　こ、こんな、皆がいるところで……っ！」と訴え、それに対して彼は、

「大丈夫だって。こうなるともう、ちょっとやそっとじゃ起きやしない。ほら、こんなになっちまったのは佳苗さんのせいだよ？　責任とってくれよぉ」

と言いながら膝立ちになって、とうとうズボンと下着を下ろして、剝き出しのペニスを私の眼前に突きつけてきました。

「あ、ああ……」

お恥ずかしい話、私は一瞬でその、全長二十センチ近く、太さも直径六センチほどもある巨根に目が釘づけになり、たまらない気持ちになってしまいました。それとい

うのも夫は、高収入でやさしくて、結婚相手としては申し分のない人ではあったものの、ことセックスにおいては……ペニスはどちらかといえば小さくて、スタミナもなくて……いつも満たされない思いを抱いていたのです。だから、それとは対極にあるような、こんなモノを見せつけられた日には……！

「ほら、舐めて……っ！」

恵介さんはそう言うと私の頭を押さえ下げ、己のペニスへと導きました。私は一瞬抵抗しながらも、すぐに自分の内なる欲求に負ける形で脱力し、そのままぱくりと巨大な亀頭を咥え込んでいました。その膨張しきった赤黒い鎌首は私の口内をいっぱいに満たし、そのある種被虐的な圧迫感に、私は自分の性感がとめどなく昂ぶっていくのを感じていました。

ああっ、もう……ダメッ！

私の内の理性とモラルのタガが外れ、代わって欲望の奔流が噴き出しました。そしてそれに押し流されるままに、私は咥え込んだ亀頭をねぶり回し、吸いしゃぶり、喉も突き破れよとばかりにできるだけ奥まで極太の竿を呑み込み、幾度も幾度も頭を上下動させて、フェラピストンを繰り出しました。

「うお……おおっ、す、すげえ……香苗さん、た、たまんねぇっ！」

　恵介さんは野太い声で乱れ悶えながら、手を私のセーターの中に突っ込み、意外なほど器用にブラを外すと、ナマ乳を揉みしだいてきました。昔から柔らかくて弾力があると評判の自慢の肉房が、淫らにひしゃげ、それに合わせて鮮烈で甘美な快感が私の全身を貫き走ります。

「んぐふっ……ふぅっ、うぶっ、ぐぶっ、んぐふぅぅぅ……！」

「ああっ、もう限界だ！　佳苗さん、最後まで……いいよね？」

　そう言うと、恵介さんはガバッと私をそこに押し倒し、ズボンと下着を脱ぎ捨て、私のスカートとパンティも剝ぎ取ってしまうと、分厚い筋肉でカチコチに硬い下半身を私にぶつけてきました。そしてそそり立った巨大ペニスを、まだ触れられてもいないというのにすでにヌルヌルにぬかるんでいる私のマ○コに突き刺し、私のカラダが壊れんばかりの激しさで貫き揺さぶってきました。

　かつてない衝撃的な快感が襲いかかり、私は我を忘れて悶え、よがり、狂ってしまいました。

「ああっ、す、すごい……すごすぎるっ……いいっ、あ、ああん、はあっ！」

「ああ、佳苗さんのマ○コ、最高だあっ！　なあ、弟と別れてオレの嫁になってくれよおっ！　頼むよぉ……はっ、はっ、はっ……うっ、ううっ！」

「あ、だめ……イク……イッちゃうぅぅ……！」

「ううっ……オ、オレももう……！」

信じられないオーガズムとともに、私は恵介さんが吐き出した常軌を逸した量の精液を胎内で飲み込んでいました。

これほどの痴態を繰り広げながら、本当に皆が起きなかったのは驚きでした。

でも、本当に驚きだったのは、最中に恵介さんが言ったあの一言。

『弟と別れてオレの嫁になってくれよおっ！　頼むよぉ』

あれは、果たして恵介さんのホンネだったのでしょうか？

これから先、彼への接し方に悩んでしまう私なのです。

■彼も負けじと片方の手を私の股間にやると、指を鉤爪のようにして肉丘のへりに……

カップルのメッカの公園でムラムラを解消するエロ聖職者

投稿者 篠田架純（仮名）／35歳／教師

あ〜っ、もう！

校長も、教頭も、主任も……どいつもこいつもアタマの硬い、ことなかれ野郎ばっかし！　今の教え方じゃあ、伸びる生徒も伸びないってゆーの、まったくもう！

……とか、どれだけ古臭い教育方針にまみれたこんなバカ学校のこと愚痴ったって、今さらどうにもならないんだけど……つい、言わずにいられないのよねぇ。

昔は好きな人がいて結婚もしたかったけど……婚期を逃し、今やお局呼ばわりされるようなこんな歳になっちゃうと、逆に自分のために望むことなんかなくて、ただひたすら生徒たちのためになることを一生懸命やってあげるのが生きがいになっちゃうの。だから、話が通じない連中とぶつかると、ついついこうなっちゃう。

だめ、だめ！

こういうときは、思いきってハメを外して、スカッとしなきゃ。

といったかんじで、中学教師として教鞭をとっている私は、月に一度ほど、溜まったモヤモヤ……そしてムラムラを解消すべく、あるところに足を運ぶ。

それはこの辺りで、カップルのメッカとして密かに有名な公園だ。春から夏のオンシーズンともなれば、毎夜毎夜、アオ姦を楽しみたい男女や、またそれを覗き見たいデバガメ連中でごった返すのだが、このまだ春も遠く肌寒い時期であっても、ちらほらと出没する影が……。

私は大きなマスクをつけて顔を隠したうえで、分厚いダッフルコートの下は素っ裸という、いわゆる『変質者』モードで公園内を歩き回り、求める相手を物色する。それはアオ姦しにくる男女ではなく、覗きに来る連中のほうだ。

ほら、いた、いた。

ベンチでからみ合っているカップルのことを、コートにマフラーに毛糸帽という完全防寒姿で茂みに隠れて覗いているヤツがいる。年の頃は五十すぎだろうか。太り気味の体形に、毛糸帽に隠れてわからないが、きっと頭はハゲあがった中年オヤジだろう。うん、いい。一番ぐっとくるタイプだ。

覗きに我を忘れているそいつの背後に、私は足音を忍ばせて近寄っていく。「はぁ、はぁ、はぁ」という、興奮して息を荒げる音が徐々に大きくなっていく。そして、ほぽぴったりと後ろに寄り添う位置まで来たところで、そっと熱い吐息を耳元に吹きかけてやるのだ。

「ひっ！　……ひぃぃい、な、な、なにっ⁉」

さすがに驚いて声をあげようとするそいつを制して、私はそっと囁きかける。

「ねえ、覗くだけじゃつまんないでしょ？　私といいことしましょうよ、ね？」

「は……はぁ？　あ、あんた、マジ……⁉」

いぶかる相手に対して、私はコートの前をばっとはだけて、全裸姿を見せつけて黙らせてやるのだ。こう見えても、週三でジムに通って鍛え、月イチでエステでカラダの手入れをしている私の美ボディは、その辺の若い子にも負けないという自負がある。

えっ？　それってまだ婚活をあきらめてないいんじゃないかって？　ちがう、ちがう。この月に一回のストレス解消活動のためよ！　みっともないカラダじゃ、誰も相手にしてくれないでしょ？

「……お、おおっ、すげぇ……！」

さっきまでの驚愕反応はどこへやら、相手はがぜん目を丸くして食い入るように私の裸体を見つめてくる。ああっ、もっと、もっと見て……ゾクゾクするっ！

「あんた、本当にオレの相手、してくれるの？」

「ふふ……いいことしようって言ったじゃないの。本当よ」

私はそう言って、そいつのズボンの股間に手を伸ばして触れ、布地の下でカチンコチンに昂ぶっている存在を確認する。うん、なかなかいいモノ持ってるみたいね。

それに応じて、相手も私のカラダに手を伸ばし、まだ垂れることなくハリを保った乳房に手を触れてきた。両方の膨らみを下から持ち上げるようにして、ユッサユッサと揺らしながら軽快に揉みしだいてくる。そうしながら時折、ツンと立った乳首を摘まみ、こね回し、爪で弾くようにして巧みに弄んでくる。やはり私のにらんだとおり……こういうタイプは女にもてないゆえか、相手に悦んでもらうための奉仕的プレイにたけているのだ。

「ああっ、いい……いいわ、とっても上手よ……ああ……」

「はぁ、はぁ、はぁ……あんた、サイコーにいいカラダしてるねえ……へへ……」

私は悶え喘ぎながら、そう言う彼のズボンのジッパーを下げ、見事に勃起したイチモツを直接取り出すと、お返しとばかりにしごいてあげた。親指と人差し指で作った輪っかでキュッ、キュッと亀頭を搾りあげ、徐々にこぼれ出してくるカウパー液を潤滑剤にして、さらにニュルニュルと濃厚に責め立ててあげて……。

「くっ、くうう……ああ、た、たまんねぇ……」

彼も負けじと片方の手を私の股間にやると、指を鉤爪のようにして肉丘のへりに引っ掛け、内側の肉ひだをチュクチュク、ヌルヌルと掻き乱してきて。

「あっ、ああ……はぁ、ああん……あふぅ……！」

「う、うう……くぅ……あ、あんたのココもうデロデロだぁっ……」

そんなふうにどんどん高まっていく、私と覗き野郎のエロいテンション。

するとその様子に、覗かれていたカップルのほうも気づき、刺激されてしまったようだ。揃って下半身を剝き出しにした二人は慌ただしく合体すると、淫らな接合部分をこちらのほうにさらし見せつけながら、全身を激しく揺さぶっての交合運動を始めたのだ。エロい、エロすぎる……。

「ああん……ねえ、私も……私にも突っ込んでぇっ！」

「お、おう……今、突っ込んでやるよ！」

負けじとおねだりした私に応えて、覗き野郎もカップルと同じ姿勢をとり、私の前面を彼らのほうに向けて背後から挿入してきた。長い肉身が子宮に届かんばかりの深部まで押し入ってくるのが感じられた。

「あひっ！　ああ！　はっ……すごっ、すごい！　奥までくるぅ……！」

「ああ、いいだろ、オレの？　はぁはぁはぁ……まあ、といっても、あんまり使う機会は多くはないんだけど……んっ、くぅ、んんんっ……！」

とか余計なことを言いながら、それでも彼は激しく一心不乱に私を突き貫いてくれて、すばらしい快感が体中に充満していった。

見ると、向こうのカップルもいよいよクライマックスに近づいてきたようだ。喘ぎ声と揺さぶりが大きく、激しくなっていく。

そして……。

「あっ、あひっ……イクッ、んんあああ～～～～～っ！」

「あうっ……で、出るぅ～～～っ！」

「んあっ、はぁっ、ああーーーーっ！」

「うぐぅ……んっ、んぐぅっ！」

ほぼ四人そろって昇天！

ああもう、マジめちゃくちゃ気持ちよかったー！　ストレスもモヤモヤも晴れて、これでまた明日から、教師としての務めに邁進していけそうだ。

■マサトが分泌させたカウパー液のえも言われぬ苦みのある味わいが口内に充満して……

彼氏の友達に襲われ犯されてガンイキしてしまった私！

投稿者 黒川あずみ（仮名）／21歳／ショップ店員

その日は、勤めてるファッション雑貨の店がテナントで入ってる駅前のショッピングビルも休みで、私は一人暮らしのワンルームマンションの部屋で、ベッドに寝そべってスマホで動画を見てました。お気に入りのユーチューバーの新作がアップされて、それがもうとってもよくって、夢中で。

でもそのとき、玄関のドアチャイムを鳴らす音が。

誰よ、今いいとこなのに〜、と玄関のほうへ出ていく私。

ドアの覗き穴から窺ってみると、そこにいたのは私の彼氏・ナオヤの友達のマサトでした。これまで三人で二〜三回飲んだことあるけど、正直それほど親しい間柄というほどでもありません。ってゆうか、私的にはあんまり好きじゃないタイプ……オラオラのヤカラ系で荒っぽくて……まあ、ナオヤの手前仕方なく相手してるってかんじでしょうか？　でも、なんで今来てんの？　そりゃまあ過去に一回だけうちに来たことあるけど……アポなしでいきなりってゆうのはマズイっしょ？

　一瞬、居留守使おうかとも思ったけど、もしナオヤから私が今日休みなこと聞いてたとしたら、あとあとちょっとめんどくさいことになるかもしれないと思ったので、仕方なく応対することにしました。

「おう、ごめんな、いきなり来ちゃって。ちょっと近くを通りかかったもんだから」

「(友達の彼女の家にちょっと通りかかったぐらいで来るか？　と思いながらも）ん……まあ、いいけど。ちょっと上がってく？」

「ああ、わりいな」

　すぐにベッドカバーを掛けて寝床を整えてから、ちらかったアレコレを片付けたうえで彼を部屋にあげると、インスタントコーヒーを出してあげました。それからしばらく、とりとめもなく雑談してたんだけど、なんかどうにもマサトの様子がおかしいんです。落ち着きがなく目が泳いでて、あきらかに挙動不審……。私もさすがにかなり居心地が悪くなってきて、「じゃあそろそろ……私もこのあとちょっと用事があるんで……」と、それとなく帰ってもらおうと……が、そのときでした。

「……あ、あずみちゃんっ！」

　マサトがそう一声叫ぶと、いきなり私に抱き着いてきたんです！

「なっ……ちょ、ちょっと、何やって……っ！？」

さすがに驚いた私は、そう叫んで彼の手から逃れようとしたんだけど、まるでびくともしないバカ力で、手も足も出ませんでした。

そんな私の服の上からワシワシと胸を揉み回しながら、彼は言いました。

「あずみちゃん……最初にナオヤに紹介されたときから、ずっとあずみちゃんのこと好きだったんだ！　それからどんな女とつきあっても、もうあずみちゃんのことしか頭になくて……頼む、俺のものになってくれっ！」

そして問答無用で私の服をむしり取り始めたんです。

「そんなっ……ナオヤとの友情に悪いと思わないの⁉」

私はそう言って必死で思いとどまらせようとしたんだけど、それに対するマサトの言葉はあまりに衝撃的でした。

「だ、だって……ナオヤ言ってたぜ。あずみのこと、なんか最近飽きてきちゃったんだよなーって」

マ……マジかっ⁉

「だ、だったら俺が、って。俺ならあずみちゃんのこと大事にするぜ！　あずみちゃんのこと、めちゃくちゃキモチよくしてやるぜ！　な、いいだろ？」

ウソかホントかわからないけど、ナオヤが言ったという言葉からあまりのショックを受けた私はもう、ボーゼンジシツ。思わず全身が脱力してしまい、マサトにされるがままになってしまいました。

「くうっ、このマシュマロみたいに白くて大きくて柔らかいオッパイ……た、たまんねえっ！　はむっ……ぶちゅ、ちゅうちゅう……」

ブラも外されて剝き出しになったオッパイをむちゃくちゃに揉みしだかれながら、マサトに舐め回され、吸いまくられ……そうすると、ショックで空っぽになってしまった私の意識の中に、代わって甘ったるくてキモチいい感覚が忍び込んできました。

それは、どちらかというとソフトタッチなエッチをするナオヤと反対に、見た目どおりに荒々しく激しいハードタッチな快感で……その新鮮なインパクトに、私のカラダはなんだかやたら反応してしまったんです。

「あふ……あ、あん、あんん……くふぅ……」

「ほら、いいキモチだろ？　あんなヤワなナオヤと違って？　なあほら、触ってみろよ、俺のここ！　ナオヤとどっちがすごい？」

彼に手を引っ張られて触ったそのペニスは……いや、マジすごいんですけど！

ガチガチに勃起したその長さは優に十七〜十八センチ、太さは直径五センチはあり、さらにパンパンに大きく張り出した亀頭の笠のド迫力ときたら……すべてがナオヤの三割増しというサイズ感に満ち満ちていました。恥ずかしい話、それを握らされ、ドクドクと脈打つ熱いみなぎりを手のひらで感じているだけで、アソコが濡れてきてしまっている私がいました。

そうなると、もうとっくに私を裏切った（と思われる）ナオヤの存在など心の中からきれいさっぱり消え去り、今こうして私のことを欲してくれてるたくましい肉棒が、欲しくて欲しくてたまらなくなってしまいました。

「うわ……あずみちゃんのココも、すげえ濡れてる……」

マサトは私のスエットの中に手を突っ込み、パンティに潜らせた手指をアソコの中でグチュグチュとうごめかすと、息を荒げながらそう言いました。そしておもむろにスエットもパンティも脱がせてくると、パックリと剝き出しにされた私の濡れマ◯コにむしゃぶりつき、ジュルジュルとあられもない音をたてながら吸い、舐め、舌で掻き回してきました。

「あひっ……あ、あ、あ、あ……はぁ～～～っ、んあぁっ！」

私はあまりの気持ちよさに背をのけ反らせて悶え喘いでいましたが、もう受け身なだけでは収まらず、身を起こして自分から体勢を変えると、彼の下半身も裸に剝いて、その股間から突き出している巨大勃起ペニスに食らいついていました。

「あむ……はぁ、はふ……うぐ、じゅぶ……じゅるぶ……うぐぅ……」

そうやって私たちは無我夢中でお互いの性器をむさぼり合い、激しいシックスナインの快感に酔いしれました。私の口の中にも、マサトが分泌させたカウパー液のえも言われぬ苦みのある味わいが充満してきました。

「はぁっ……あずみちゃん、もう入れていい？　俺のチ○ポ、もう爆発しちゃいそうだ……ああ」

「うん、いいよ……ナマで入れて。今日、大丈夫な日だから……」

「ええっ、マ、マジ？　ラッキー！　んじゃ、ナマで入れちゃうね！」

マサトは飛び上がらんばかりに喜びながらペニスを支え持ち、その太い肉身をズブズブと私のアソコの肉芯を割って沈み込ませてきました。たまらない肉圧と快感が押し寄せてきます。

「……んあっ、はぁ、ああっ……す、すごっ……すごいのきてるぅ……」

「ああっ、あ……あずみのココもすっごい俺のを締めつけてきて、た、たまんねーよー！　くうっ……あ、はぁ、はぁ、はぁ……」

激しいピストンを打ち込みながら、どんどんマサトの息遣いが激しくなっていき、それと同時に私の中のペニスが一段と膨張したように感じました。

「あ、ああっ……マサトので私の中、いっぱい……っ……！」

「くふうっ……ああ、もう、俺……イキそう……」

「ああ、きて、きて、きてっ……マサトの熱くて濃ゆいの、私の中いっぱいにぶちまけてえっ……！」

「ぐうっ……は、あ、あああ〜〜〜〜〜〜っ！」

とうとう惚けたような喘ぎ声をあげマサトは果て、彼の放った大量のザーメンがドクドクと私の胎内を満たしていきました。

はっきり言って、ナオヤとのエッチでは今まで一度も味わったことのない、最高のエクスタシーでした。

でも果たして、マサトが言ったナオヤの私への裏切り発言は本当だったのか？　とりあえず、しばらくは二人に二股かけてつきあってみて、確かめてみようと思ってる私なんです。

■綾香さんは私にまたがり、私のパジャマのズボンを一気に引きずり下ろしてきて……

息子の嫁の熱い欲望を受け止め私は思わず……！

投稿者　仲本義彦（仮名）／56歳／自営業

はじめまして。地方のとある町で先祖代々続く乾物屋を営んでおります。

昨年最愛の妻が病死し、意気消沈していたところ、後継ぎである一人息子の大吾（二十八歳）が結婚することになり、お嫁さんになる方から「同居しましょう」と言ってもらえ、私の落ち込んでいた気持ちが一気に明るくなりました。

「でも綾香さん、本当にいいのかい？　新婚時代くらい夫婦二人で生活したほうがいいんじゃないか？」そう訊くと「いいえ、お義父さん。私も仲本家の一員となって家事にも家業にも早く慣れたいのです」と言ってくれました。折しも三年前、亡き妻の希望で家を全面改装し、キッチンもお風呂もトイレも最新式のにリフォームしました。そして二階にはトイレも増設しておいたのです。そのときは「なんて無駄遣いなことを……」と内心思ったものですが、同居となった今は心から妻に感謝です。

「お義父さ〜ん、朝ごはんの用意が出来ましたよ〜〜」

綾香さんの爽やかな声で一日が明ける、幸せな日々が始まりました。

「お味噌汁の味、どうですか？　濃くないですか？」

「いやぁ〜〜、すごく美味いよ！　でも朝からこんな手の込んだ食事大変だろう？　手軽にパン食でいいんだよ？」遠慮気味にそう言うと息子の大吾が得意げに、

「綾香んちは母子家庭でお母さんがずーっとフルで働いてただろ？　綾香は中学生の頃からご飯担当してたから、ちゃっちゃと何品でも作れるんだよ。なっ？」と言い、

「はい。弟が好き嫌いがとにかく激しくて、それでなんだか逆に余計に燃えて色んなおかずを工夫して作って……今では和洋中なんでもござれ、ですよ。お義父さん、リクエストして下されば何でも作りますよ」

「そうか、ありがとう。ところであの……立ち入ったことを聞くようだけど、ご両親の離婚後はお父さんと全然会ってないの？」

「はい。私が小六のときに父が家を出てって以来、一度も会っていません。再婚して九州のどこかにいるっておばあちゃん言ってたけど……」

「そうか。それは寂しい思いをしたねぇ」

「でも、今日からは大丈夫です。私の理想のお父さんと一緒に暮らせるんですから」

と言うと、綾香さんはそのとき、私をじっと見つめて……。

（え？）私の見間違いでしょうか？　いえ、そうではありません。綾香さんは確かにそのとき、私に意味ありげに目くばせをしたのです。私はなんだか年甲斐もなく頬が赤くなってしまいました。

その夜のことです。

いつものように十一時過ぎにふとんに入り、うつらうつらし始めたと同時に、二階から艶めかしい喘ぎ声が聞こえてきました。いけない、いけない、と思いながら私の体は勝手にふとんから這い出て、そろりそろりと階段を上がっていくと、息子夫婦の寝室のドアが微かに開いているのが見えました。

「アア……んん～～」紛れもなく、綾香さんの……アノ声です。

そぉ～っと覗き込むと、ベッドの上で大吾が今、まさにピストン運動を始めるところでした。豆電球の灯りで若夫婦の動きがよぉく見えました。そのとき、ああ、なんていうことでしょう！　若い夫婦の営みを盗み見て、私の股間がドクンドクンと疼き始めたのです。そして徐々に私の肉棒は固くなり下着の中で窮屈そうにうごめいて……それは久しぶりの勃起でした。妻が元気だった頃から、私たち夫婦には夜の営みはほとんどありませんでした、たしか最後の性交渉は私が50歳手前頃だったように思います。つまりは五～六年ぶりにそそり立ったのです。

「アア～～、イイ～～、そこぉ～もっとぉ～～」大吾は必死で腰を振り、綾香さんは自ら腰を浮かし両足を淫らに宙に広げて、時折、私にもはっきりと綾香さんのアノ部分が見えてしまうのです。

ハァハァハァハァ……私は無意識に下半身を半開きのドアに押し当て、腰を振りました。大吾が上下する度に、ゆっさゆっさ揺れる綾香さんの乳房……ああ、揉みたい！　しゃぶりつきたい！　その衝動を必死で抑えつけながら、私はドア扉に突起物を当ててこすり続けました。

翌日の夜も、またその次の夜も……。

若い夫婦は、こうも毎日セックスするのか？　いや、そんな疑問よりも、何故寝室のドアを二十センチ近くも開けているのか……まるで覗かれるのを望んでいるように私には思えてきたのです。

そして、そんなある夜のことーーー。

いつものように全裸で重なり合う二人を私がドアの陰から盗み見していたところ、瞼を閉じていた綾香さんがこちらの気配に気づき、バッチリ目が合ってしまったのです。しまった、気づかれてしまったか！　綾香さんが悲鳴をあげる前にここから立ち去らなくては……そう思ったときのことでした。

（待って！　お義父さん！　私を見て！）綾香さんの目は明らかにそう語っていました。

そして、（私……感じてないんです。これは演技なんです。だって私が抱かれたいのは大吾さんじゃなくて、お義父さん、あなたなんですよ）

なんだって？　そんなバカな……！

（本当のことです。待って、去らないで、お義父さん！　私の裸をもっと見て！　ドアを開けて大きな喘ぎ声をあげているのは、お義父さん、あなたにこうして見て欲しかったからなんです。隠したってだめですよ、私の乳房を見ながら股間を大きくしていたのを私は知っているんです。お義父さんも私に欲情していらしたんですよね？）

い……いや、私は……そんな……！

（嘘よ、隠したってわかるわ！　お義父さんだって私を抱きたいんでしょう？）

……………………。

すけベオヤジの妄想とお思いでしょうか？　それとも夢でも見ているのか、と？

いいえ、違います。綾香さんは私を見ながら、確かにそう言っていたのです！　断言できます！　その証拠に……。

その週末の夜遅く、突如全裸の綾香さんが私の部屋に入ってきたのです。

「お義父さん、私を抱いて！」紛れもなく綾香さんは声に出して言いました。

「綾香さん⁉　大吾が気づいたら大変なことになる……」

「大丈夫です。大吾さん、今夜は大酒飲んで帰宅したから、明日のお昼まで絶対に目を覚ましません」綾香さんは話を続けながら私のふとんに潜り込んできました。

「私……大好きなパパが家を出てった時に気がついたんです。重度のファザコンだったこと……以来ずぅ～～っと年上の男性に欲情してきました。正直に言うと……妻子ある年の離れた人との不倫を清算するために、大吾さんと結婚したんです。」

「そ……そうだったのか……」

「結婚前にご挨拶しにここへ来たとき、私、お義父さんを一目で愛してしまったんです。だから……もう……私、我慢できません」

大胆にも綾香さんは私にまたがり、私のパジャマのズボンを一気に引きずり下ろしてきました。

「だ……だめだよ、綾香さん」

「お義父さんは嘘つき。お義父さんのおチン○ンは正直なのに……ほら、もうこんなに大きく……」言いながら、パクンッといきなり綾香さんが私のそれを咥えました。

「むぁ……あ、はぁ～～～あ……あ……」

ペロンペロンと竿を舐め上げられ、私は鼻から声が洩れました。綾香さんの生温かい舌の感触で私は早くもイキそうです。その様子に気づいた綾香さんは舐めるのをやめ、大胆に足を広げ、愛汁が滴る卑猥な割れ目の中に私の突起物を収めようとしました。

「あうう〜〜〜」パックリ開いたぬめりの穴はやすやすと私の肉棒を呑み込み、湿ったひだは私をゆっくり綾香さんの一番奥にまで導いていくのです。私は無意識に腰を動かしていたようです。

「ああ〜〜お義父さん〜〜、イイ〜〜〜もっと動いてぇ〜」綾香さんが歓喜の声をあげました。

「こうかい？」綾香さんの深みを激しく突くと、クニョンクニョンと、まるでぬかるみを長靴で踏み続けるような音が密接部分から聞こえてきます。なんて卑猥な音なんでしょうか。私もかなり興奮してきました。仰ぎ見る綾香さんの感じている顔を眺めながら、ゆっさゆっさ揺れる二つの乳房を乱暴に揉んでやりました。

「あああ〜〜、い……いい〜〜〜」

乳首を摘まみ、私は顔を起こしてその先端をペチョペチョと舐め回すと、綾香さんは更に激しく前後に腰を振りながら喚き声をあげました。

「ああ～～お義父さんのぉ～～おおきぃ～～」

「わ、私もいい……よ……気持ち……いいよ……」

綾香さんの膣から愛液が溢れて私の股間は既にびしょびしょです。

クッチョクッチョクッチョクッチョ……。

「お義父さん……ああ、ダメ……イキそう……」

「私も……イキそうだよ……」

「きて……今日は大丈夫な日だから……中で……出して……」

「じゃぁ……イ……イクよぉ～～～～」

二人同時に果て、綾香さんは私の上に覆いかぶさってきました。

「ハァ……ハァ……お義父さん……ステキ……」

「綾香さんも……ステキだよ……ハァハァ……」

それにしても、こんな九十度近くになるまで勃起するとは……私の竿もまだまだ十分イケる、若い！　途端に自信がみなぎってきて、「綾香さん！　次は正常位でやってみようか」思わずそう口走っていました。

「嬉しい、お義父さん！　これからも宜しくお願いいたします。」

ええ、もちろん明け方近くまで性交に及んだことは言うまでもありません。

■私のこの自慢の豊乳を彼の胸にグリグリ押し付けてあげて、と。ほらどう？……

可愛いリーマンに痴女プレイしてストレス解消！

投稿者 栄奈々（仮名）／38歳／OL

ああ、もうむしゃくしゃするわ、あのクソ部長ったら！　自分のミスを棚に上げて、責任はぜ～んぶ課長の私に押しつけやがって……ほんとにもう、一晩寝たってこの怒り、収まらないわ。これから出社して、まともに部長の顔、見れるかしら？

よ～し、こうなったら、ひとつ今日は久々にやっちゃうか、私の秘密のストレス解消法！　それでもってスッキリしてから会社に行こうっと！

あ、いつもの時間の通勤電車が来たわ。

お～お、こりゃまたゾッとするくらい混んでるわねぇ……まあ、そのほうがやりやすいってもんだけど。さて、ターゲットは、と……。

お、いたいた！　彼なんかいいんじゃない？　年の頃は二十五～二十六ってとこかしら。細身でいかにも文化系ってかんじの、女の子みたいに可愛い顔したプリティ・リーマン！　ああいうタイプは何されたって、声に出して抵抗なんてできないのよね。

これまでの私の、たぶん五十人は超える獲物のデータ分析からもまちがいないわ。

あ、うかうかしてたら近くに行けなくなっちゃうわ！　ほら、どいてどいて！　通して通して！　あっ、このブ男、邪魔ぁ！　……ふぅ〜〜っ、よし、なんとか彼のすぐ前に来ることができたわ。お、電車が動き出したわね。これ、急行電車だから、あと十五分は停まらないからね……さて、たっぷり楽しませてもらうわよ〜〜。

名付けて『ストレス解消・痴女大作戦』！

むしゃくしゃしたときには、イケてる男のカラダを好き勝手触って、その恥ずかしそうに感じてる顔見てSっ気満点にうっぷんを晴らす！　うん、これに限るわよね！

さあ、触りまくるぞ〜っ！

よし、まずは今こうして、彼にほぼくっつく格好で背を向けて立ってるお尻をくねらせて、彼の下半身を刺激してやってと。……ほら、どう？　社内でもナンバーワン・ダイナマイトバディの名をほしいままにしてる私のお尻の感触、ボリューミーで弾力満点でしょ？　腰を引こうとしてもムダよ、ほらほら……。

あっ、硬くなってきた。

うふふ、私の魅惑の桃尻にかかればこんなもんよ！　うんうん、さらにどんどん硬くなって、痛いくらいになってきた！　すっごい熱も感じるわ……こりゃけっこう立派なモノねぇ。女の子みたいに可愛い顔してる男って意外とアレがでかい……私の経験から蓄積したデータによる分析どおりね。

よし、じゃあこの辺で真正面に振り向いて……と。う〜ん、間近で見るとますます可愛いわ〜！　この長いまつげ！　女の私が嫉妬しちゃうくらい。私がちょっと見上げるくらいだから、身長は一七十センチくらいか……いい塩梅ね。あんまり身長差があると、何かとやりにくいものね。

うふふ、私に見つめられて真っ赤になって下向いちゃって……たまんないわ〜。そりゃ、もっと恥ずかしくしてあげる！　私のこの自慢の豊乳を彼の胸にグリグリ押し付けて、と。ほらどう？　今日はたっぷり胸元の開いたカットソー着てきたから、谷間もバッチリでしょ？　あら、なんだか息が荒くなってきたわね？　このオッパイ、触りたい？　ねえ、どうする？

私が上目づかいに彼を見上げ、そう目で訊ねると、彼の目の中の光は「イエス」と答えた。オーケー！　いいよ、服の上からだけど触って。私はそっと彼の手をとって自分の胸の膨らみへと導いた。すると彼は、下から支え持ち上げるように乳房に触れ、やわやわと揉んできて……ああん、きもちいいわぁ。うんうん、もっと強く揉んでもいいのよ？　だんだん乳首もジンジンしてきちゃう！

するとその下のほう、私の下腹の辺りで、がぜんその存在感を主張するヤツが！　彼のアレがより一層エキサイトして、スーツのズボンの前をつき破らんばかりの勢いで熱く硬く尖り、スカートの上から、私の股間と下腹の中間辺りをグイグイと押してきてるのだ。

うーん、そんなことされると、私のほうだっておかしくなってきちゃう……でも、なにせこれから会社行って仕事だからなー。あまりムチャはできないものね～。

私はしばし、彼のその熱い存在感を下半身で感じ、パンティの中がしっとりと潤ってくるくらいまで味わい、楽しんでから、おもむろにズボンのチャックを下げると、中の下着の前部分をまさぐり開けて、すっかりいきり立ったモノを表に引っ張り出した。その先端はすでにねっとりとカウパー液で粘ついていた。

彼はさすがに、一瞬慌てたような顔をしたけど、私がゆっくりとソレをしごきだすと、拒絶することなく、目をうっすらと閉じて、その快感に身を任せてきた。

うふふ、そう、それでいいのよ。

これまでたっぷりと痴女としての場数を踏んできた私に任せてもらえれば、周りの誰に気づかれることなく、キモチいい思いさせてあげるから。

フェロモンたっぷりに彼の目を覗き込みながら、しごくスピードを上げていく私。

彼のほうも私の胸を揉む手に力を込め、服やブラを通しても、その指先が丸い柔肉に食い込んでくるのが、じんじんとわかる。

ああ、いいわ……オッパイキモチいい……。

その蕩けるような快感の中、私は一段と彼のモノをしごく手に力を込めていったが、ついにその経験豊富な淫らセンサーが、敏感に彼のクライマックス寸前のタイミングをとらえる。

ああ、そうよ……いっぱい出してぇっ！

私はその瞬間、手早くハンカチを取り出すと、彼のモノの先端を包み込むようにして、ドンピシャの呼吸で放たれた熱いほとばしりを受け止めてあげた。服を汚すことなく、床にもこぼすことなく……完璧なフィニッシュ！

彼は惚けたような表情で私を見つめ、私はその、放出物でまみれたハンカチをさりげなく彼のスーツのポケットに突っ込んであげる。

はい、自分で出したものは自分で始末してね。

よし、これで気分スッキリ、今日も仕事に打ち込めるっていうものね！

■私とマコさんは二人がかりで林さんのペニスをむさぼり、呑み込み喰い締めて……

レズH現場を見つかった私たちの淫らなリスク回避法

投稿者 桑原真澄（仮名）／31歳／パート主婦

私、実はバイセクシャルで、男も女もオッケーなんです。

で、最近は、家では普通に主人とエッチしながら、外ではパートの同僚のマコさんとレズるっていうのがお気に入りのセクシーライフってかんじです。

でも、この間、とんでもないアクシデントが起こっちゃって……。

パート勤めしてる某テーマパークの従業員食堂、そこの厨房での調理補助の仕事の合間の三十分の休憩時間中のことでした。

私とマコさんは休憩室で二人、ものの五分で持参の軽い昼食を片づけてしまうと、早速寸暇を惜しんでレズり始めました。休憩室は内鍵がかからなくてちょっとドキドキものなんだけど、原則、この三十分の間は次の休憩交代時間まで他の誰も来ないはずなので、私たちはそれを信じ、お互いに沸き立つレズ欲求に呑み込まれる形でおっぱじめちゃうっていうかんじです。

ソファに横並びになって座り、舌をからめてキスを交わしながら、お互いの仕事用白衣のユニフォームのボタンを外し、胸元に手を差し入れまさぐり合います。私は十人並みだけど、マコさんはうらやましいほどの巨乳なので、私の手に余るほどのド迫力。ブラのフロントホックを外すとボロンとまん丸い肉房がこぼれ出て、私はガマンできずにそれに吸いつき、舐め回してしまいます。

「あ、あん……真澄さん……ん、んん……かんじるぅ……」

精いっぱい声を抑えながらもマコさんはそう悩ましげに喘ぎ、私はたまらずさらに乳首を激しくむさぼってしまいます。

そう、私はレズの『タチ（男役）』のほうで、相手を責めれば責めるほど、燃え上がり、興奮しちゃうほうなんです。だから、とっても感じやすいマコさんは恰好の『ネコ（女役）』で、私たち、すっごく相性がいいっていうわけ。

「はぁはぁはぁ、マコさん、すきよ……」

私は欲望に煽られるままに彼女の上に覆いかぶさり、オッパイをしゃぶり回しながら下半身のほうに手を伸ばし、白衣のズボンをこじ開けて下着の中に突っ込んでアソコをまさぐりました。すでに温かく濡れた肉壺が私の指にクニュクニュとからみつき、まるでいやらしい軟体動物のようです。

「はひ、はあ……あふ、ううん……真澄さぁん、あう……いいっ……」

そう喘ぎながら、マコさんのほうも私のブラをずらし外して乳房を揉み、乳首をこね回して愛撫を繰り出してきます。

「あん……はぁ、あ、ああ……マ、マコさん……！」

「んあっ、はぁ……真澄さぁあん……はぁっ……」

二人の喘ぎ声が重なり合い、響き合い、淫らなハーモニーを織りなしていきます。

……と、まさにその瞬間でした。

「おーい、桑原さーん！　休憩中すまん、今朝○○から仕入れたチルドの豚肉のことなんだけど…………ええっ⁉」

いきなり休憩室のドアが開くと調理主任の林さんが入ってきて、からみ合う私たちの痴態を目の当たりにし、驚愕のあまり固まってしまったんです。

「え、ええっ……？　桑原さんと関さん、君たちいったい何を……⁉」

私は思わず頭が真っ白になり、完全な呆然自失状態。（ああ、終わった……）と心の中で言い、脱力してしまったんですが、逆にマコさんのほうが思わぬ行動に出ました。

彼女は素早く立ち上がると、あられもなく服をはだけたままの格好で林さんのほう

に走り寄り、有無を言わさず彼に抱きついたんです！　そして、

「ねえ、林主任、今見たこと、誰にも秘密にしてもらえません？　そしたら、私と桑原さんとで、と〜ってもキモチいいことしてあげますから。ね？　だめ？」

と言い、その返事を確かめる間もなく林さんにキスしたんです。それも、恐ろしく濃厚で激しいやつを。

「んんん、んぐぅ……うぐ、ぐむっ……う、ううむ……」

これまで彼女の『ネコ』の一面しか知らなかった私は、その思いがけない『タチ』的積極性を目の当たりにして驚きました。そうこうするうちにも、さらに彼女はキスしながら林さんの股間をまさぐり回し、激しく刺激しています。

「ああ、ほぉら主任のココ、こんなに大きくなってきちゃった。ねえ、私たち二人といいことしましょうよ？　このままじゃおさまんないでしょ、ね？」

「……あ、ああ……」

マコさんの攻勢についに篭絡しつつある林さん、そのズボンと下着がくるぶしまでズルリと引き下ろされると、怖いくらいに勃起したペニスがビョンッと振り上がり、九十度の角度で天をつきました。

するとマコさんが無言で私に目くばせしてきて、そのアイコンの意味を酌んだ私は

急いで二人のもとに駆け寄ると、ひざまずいて林さんの勃起ペニスを咥え、しゃぶりたて始めました。必死に、無我夢中で……。

「あ、ああ……んん、ん……うくぅ……」

マコさんのほうも彼の胸をはだけて乳首を吸っていて、その上と下からの淫靡な攻撃に、林さんの表情はもう完全にメロメロ状態でした。

それから私たちは狭いソファの上で折り重なるようになって、私とマコさんは二人がかりで林さんのペニスをむさぼり、それぞれの肉壺で呑み込み喰い締め、なんと十五分の間に三発もぶちまけさせてあげたんです。

そしてその間、マコさんはこっそりと林さん自身の痴態画像もしっかりとスマホに収め、口封じの段取りもぬかりありませんでした。「私たちのこと、誰かにばらそうものなら、この画像ばらまくわよ」ってね。

と、思わぬ形でマコさんのキレ者でぬかりのない一面を見せつけられることとなった出来事でしたが、その後、私と二人のレズプレイのときは前と変わらぬ、受け身で可愛い『ネコ』ちゃんで……林さんにはちゃんと睨みを利かせつつ、よりいっそうエロく楽しんでる私たちなんです。

■私はそれに愛しげに頬ずりしながら、先端の亀頭部分をちゅぷりと唇に含み……

義父に夜這いをかけまぐわった私の異常愛欲！

投稿者　上谷ゆか（仮名）／22歳／大学生

私のお父さんは、私が中二のときに病気で亡くなり、それ以来、お母さんが働きながら女手ひとつで私を育て、大学まで行かせてくれました。もちろん、お父さんが遺してくれた生命保険金もあってこそだったとは思いますが、それでもお母さんの苦労と私への愛情には、どれだけ感謝してもし足りないほどです。

だから、そのお母さんがある日、

「あのね、ゆかにはこれまで言わなかったけど、お母さん、再婚したい人がいるんだ。ゆか、一度会ってくれるかな？」

と言ってきたときも、もちろんびっくりはしたけど、とても嬉しく思いました。私も来年いよいよ大学を卒業して就職する身。そこまでしてもらえばもう十分、今度はお母さん自身に幸せになってもらえると思ったからです。だってお母さん、まだ四十二歳なんだから……。

でも、その再婚相手であり、義父となる相手、清孝さんに初めて会ったとき、私は思わず心が不穏にざわめいてしまいました。清孝さんはお父さんが死んだときとほぼ同じ年の頃の五十歳（けっこうな年の差夫婦だったんです）であるばかりか、雰囲気までがお父さんにそっくりで……。

実は私、密かにずっとお父さんのことを異性として意識してしまっていて……時にどうしようもなく爆発しそうになってしまうその激情を必死で抑えつけながら、悶々と小学校高学年〜中学時代を過ごしていたんです。「実のお父さんのことを好きになったりしちゃいけないんだ。それは絶対に許されないことなんだ」そう必死で自分に言い聞かせて……。だからある意味、とても悲しいことだけど、一方でお父さんの死は私にとって長年の心の負荷を取り除いてくれるホッとする出来事でもあったのです。

ああこれで、許されない愛に身を焦がすこともなくなる……と。

ところが、そうやってせっかく鎮まっていたインモラルな慕情が、今また揺さぶり起こされようとしている……死んだお父さんそっくりの義父の出現によって。その見た目だけではなく、実際に話してみてとても誠実でやさしい人柄を知るにつけ、私は今度こそ何をしでかしてしまうか、自分で自分のことがこわくなってしまいました。

そして私との初対面から二ヶ月後、清孝さんとお母さんは結婚して晴れて夫婦となり、私たち家族三人、郊外に建つ清孝さんの西洋風の広い一戸建てで暮らし始めました。母子二人で前まで住んでいたマンションは売りました。

ああ、そして、その新生活はまさに針のむしろでした。

清孝さんと暮らせば暮らすほど、話せば話すほど、私はどんどん彼のことが愛しくなってしまい、メラメラと燃え上がる激情を、悶々と疼くオンナの肉体を、抑えつけるのにそれはもう必死の思いでした。

でも、どうにも気が狂いそうなほど昂ってしまうときは、爆発しそうな心身を落ち着かせるために、こっそりと二人の寝室を覗き見たりしていました。

「あん、あ……あなた、んあぁ……そこ、気持ちいい……」

「清美、ああ、きれいだよ……もっと、もっと感じて……」

私は寝室の外の壁に身を寄せ耳をそばだてながら、、清孝さんが呼ぶお母さんの名前を自分に置き換え、清孝さんに愛されているつもりになってオナニーしました。そして、ぺちゃぺちゃ、ちゅくちゅく、にゅろにゅろ……あきらかに清孝さんがお母さんのアソコを舐めて可愛がっているイヤラシイ音を、自分の性感にシンクロさせ、狂ったように身悶えするのです。

「んふぅ……んく、ふぅ、んぐっ……くふぅ……」

ほとばしり出そうになる声を必死で抑え、喜悦のくぐもった呻きを漏らしながら……二度、三度とイキました。

「ああ、清孝さん……ううん、お義父さん……私のことも抱いてぇ……」

私はせつなく泣きながら、そう喘いでいました。

そして恐れおののいていました。

いつか、こうやって自ら肉体を慰めることでは我慢できなくなり、清孝さんに直接抱かれることを強く願ってしまうであろうことを。

新しい家族として三人が暮らし始めて三ヶ月後のことでした。

お母さんが、生まれ故郷で行われる中学の同窓会に出席するために、泊まりがけで出かけることになりました。二泊三日の行程で、結婚以来、お母さんが家を空けるのは初めてのことでした。それも二晩も。

私の胸中は期待で膨らみ、比喩ではなく、実際の生身の乳首も痛いほどに疼き、突き立ちました。一つ屋根の下、初めて清孝さんと過ごす二人だけの日々。でも、昼間はお互いに仕事と学校でいないから、実際には夜だけ。でも、それでいい。それがいい……今や完全に理性もモラルも吹き飛び、私は異常な恋慕のあまり盛りのついた一匹のメス犬へと堕してしまっていました。

そしていよいよ、お母さんのいない夜がやってきました。

「じゃあ、おやすみ、ゆか」

「おやすみなさい、お義父さん」

就寝のあいさつとともに夫婦の寝室へと向かう清孝さんを見送った、その五分後、私はこっそりとあとを追いました。

こっそりとドアを薄く開けると、すでに部屋の照明は落とされ、かすかにダブルベッド脇の読書灯の小さな明かりがうっすらと灯っているだけ。清孝さんは早くもすうすうと安らかな寝息を立てています。

私は足音を忍ばせて近づき、足元のほうからベッドに這い上がると、洋布団を静かにめくり上げて中に潜り込んでいきました。そして仰向けになって寝ている清孝さんのパジャマズボンをそろそろと太腿の中間辺りまで引き下げると、続いてトランクスの下着をまさぐり、前開き部分から彼のペニスを引っ張り出しました。当然、それはまだだらんと柔らかいままです。

私はそれに愛しげに頬ずりしながら、先端の亀頭部分をちゅぷりと唇に含みました。そしてちゅうちゅうと吸い、れろれろと舐め回しながら、同時に玉の袋を手のひらで包み込み、やさしく揉み転がしていきました。

「……ん、んん……ふぅ……」

まだ目覚めてはいないものの、肉体的異常を脳が感知したのでしょう、清孝さんは悩ましげな呻き声をあげ、それと同時に私の口の中でペニスはむくむくと大きくなり、見る見るその硬さを増していきました。布団の中の暗がりでその姿を目にすることはできませんが、竿の表面に浮き出した太い血管が脈打ち、パンパンに膨らみ張り出した亀頭の赤黒い充血具合が手に取るように感じられます。

「あ、ああ……お義父さん……」

私は、今やすでに完全に勃起したそれをずっぽりと咥え込み、頭を大きく上下動させながら吸いあげ、しゃぶりあげ、喉奥に届かんばかりに深く深くフェラしました。

すると、とうとう、

「あっ、ああ……くう……え？　な、なんだ？」

清孝さんは目を覚ましてしまい、驚愕した様子で叫びました。

「ゆ、ゆか！　いったい何をやってるんだ⁉　気でもちがったのか？」

私は布団の隙間からうっすらと差し込む明かりに照らされた清孝さんの顔を見上げながら、平然として言いました。

「ううん、全然正気だよ。私、お義父さんのことが好きなの。ねえ、いいでしょ？

私たち、血がつながってないんだし、それに今日はお母さんもいないし……ね？　今晩だけだから。私のこと、抱いてよぉっ！」

すると、意外なことにいとも簡単に清孝さんはそれを受け入れ、すでに無様なまでに勃起してしまっている己の欲望に降参するような形で、馬乗りになった私のことを騎乗位で下から突き上げてきました。

「あっ、ああ……いい！　いいの、お義父さんっ！　はぁっ！」

「今晩だけ、今晩だけだからな、ゆか！　うむっ……ふぐっ……！」

「ああ～～～ん、イク、イク……お義父さん、イク～～～～ッ！」

下から噴き上げるように私の中で清孝さんの精液が炸裂し、それを胎内でごくごくと飲み下しながら、私は絶頂の果てまで昇り詰めていました。

もちろん、今晩だけと言っておきながら、その次の夜もまた、二人まぐわったことは言うまでもありません。

清孝さんは当初私が思っていた、誠実な人格者でもなんでもなく、やはりただの一人のエロおやじでしたが、別にそれでいいんです。

私のことを愛してくれるのなら……。

人妻手記
寝取られカイカン……
夫を裏切ってしまった貞淑妻たち

２０２１年1月２５日　初版第一刷発行

発行人　後藤明信
発行所　株式会社　竹書房
〒102-0072　東京都千代田区飯田橋2-7-3
電話　03-3264-1576（代表）
03-3234-6301（編集）
ホームページ：http://www.takeshobo.co.jp
印刷所　中央精版印刷株式会社
デザイン　株式会社　明昌堂
本文組版　ＩＤＲ

定価はカバーに表示してあります。
乱丁・落丁の場合は小社までお問い合わせください。
ISBN 978-4-8019-2531-1 C0193
Printed in Japan

※本書に登場する人名・地名等はすべて架空のものです。